JN035276

オンライン化する大学

コロナ禍での教育実践と考察

飯尾 淳
Jun Iio

樹村房

はじめに

2020年，COVID-19によるパンデミックは世界中で社会を大きく変化させた。「なるべく外に出ずに自宅で仕事せよ」とテレワークが推奨され，飲食業や観光業は壊滅的な打撃を受けた。外食産業は時短営業を求められ，インバウンド観光でにぎわっていた観光業も，そもそも国際的な人の移動がなくなってしまったのでどうにもならない。感染防止と経済支援を行ったり来たりと政府の施策は右往左往し，さまざまな業界があたふたした1年であった。

学校もまた例外ではない。とくに大学生は高校生以下と比べて広範囲に移動し，登下校のついでにいろいろなところに立ち寄る可能性も高いため，その影響を心配した大学は，キャンパスが閉鎖される憂き目に遭った。なかでも，感染者の数が多く報道された首都圏（そもそも人口が多いから当たり前なのだが）の大規模大学は，軒並み登校禁止，キャンパス立入禁止ということになってしまった。私が勤務している中央大学も例外ではなかった。

そのような状況においても学びを止めるなと，各大学ではオンラインによる教育への急激なシフトが進められた。私自身，慣れないオンライン講義に試行錯誤する毎日であった。オンライン講義用のツールもまたこの1年間に劇的な進化を遂げた。ことオンライン教育に関していえば，関係者の多くが成長した1年であったことは間違いがないだろう。

私を含め，大学教員の多くが悩みながらオンライン教育をどうしようかとさまざまな方法に挑戦していたなかで，Facebook に「新型コロナのインパクトを受け，大学教員は何をすべきか，何をした

いかについて知恵と情報を共有するグループ」という長い名前のグループが設立された。このグループは，私が参加した当初は300人ほどの小さなグループであったが，あれよあれよという間に巨大なグループに成長し，1年たった今では2万人を超える参加者を抱えている。

　このグループでは活発な議論や情報交換がなされ，私もずいぶん助けられた。本書で「SNSで議論」と表現しているものは，ほぼ，このグループでの議論を指している。グループで情報共有やさまざまな議論をするなかで，情報を得るだけでなく，私からも積極的に情報を提供しようと試みた。そのためブログの記事として発信し，その内容をグループで紹介することにより情報提供を進めた。本書はその情報発信の多くを書籍の形に再構築したものである。

　本書は10の章に分かれている。厳密な時系列にはなっていないので，どの章から読み進めても構わないが，最初の章は新学期のドタバタぶりから紹介した。とにかく混乱した現場の様子を報告したつもりである。

　続く2章と3章では，実際にどのようなオンライン講義が行われたのか，オンライン講義を実施して何がわかったのかについて，紹介する。オンラインのメリットのひとつに，学生の学修状況を教員がある程度は把握できることがある。2020年はそのデータを活用するところまで踏み込んで教育を提供できた先生方はそれほど多くはないのではないかと推測するが，今後，この特徴は大きく活用されていくべきポイントとなるだろう。

　4章では，オンライン講義実施にあたって工夫をした点をいくつか解説した。オンライン教育に今後携わる先生方，あるいは，教員ではなくとも新入社員教育などなんらかのオンライン教育に携わる

ことになる方々にとって，参考になる情報が記載されている。続く5章も同様の情報を提供しているが，今後，解決すべき課題という側面から論じた。それらを踏まえて，6章ではオンライン講義が対面講義の代替物になり得るか否かについて述べている。私は「完全な代替物にはなり得ない」という立場を取るが，それはなぜか，鍵と考えられる身体性の問題についても触れる。

　7章は，少し話題を変えて，大学生活全般について考察する。大学とは学問を修めるだけの場ではない。多感な学生時代を過ごし，人間として大きく成長する場である。そのような観点から何が問題だったか，どうあるべきかについて，考えてみたい。

　一方，8章は教員側の課題について触れる。多くの大学では，教員は研究と教育に携わることになっている。研究の状況がオンライン化でどのようになったか，問題はなかったのかについて，いくつかのトピックを紹介する。地球規模の移動が制限されているため，国際会議は大きな影響を受けた。その影響は，一部の教員にとってはメリットとして，そして別の一部の教員にとってはデメリットとして受け取られている。なぜそのようなことが起きているかについても説明する。

　オンライン講義に終始した2020年の前期ではあったが，後期には揺り戻しで対面授業が，一部，再開された。そのような状況でオンライン講義を振り返るとどうだったのか，あるいは対面で改めて試してみた新たな教育法はあったのか，そのようなトピックを9章で紹介する。なお，対面授業を再開したことによって，オンラインによる人間関係の希薄化が浮き彫りになったことも印象的であった。

　最終章では，9章までの議論を踏まえて，今後，大学がどうなっていくのか，どうあるべきなのかを考えてみたい。少子化という時

代の流れでただでさえ危機に瀕している大学業界が見舞われた突然の災厄ではあったが，あらためて将来の大学像を考えるよい機会になったのではないか。せめて前向きに考えることが，大学教員のとるべき真摯たる態度なのかもしれない。

2020 年のオンライン生活を振り返りつつ

飯尾　淳

●目次

1章　オンライン講義がやってきた

　2020年，COVID-19の影響により，多くの大学ではほとんどの講義がオンラインで実施されることになった。さらに，前期は緊急避難ということでいたし方なしということであったものの，その後，後期の対応をどうするかで多くの議論が重ねられることとなった。

　もともと通信制の大学はいくつか存在しており，大学における部分的な通信教育も行われてきた。しかし，2020年に生じた大学講義のオンライン化はインターネットを活用した様々な工夫がみられているという点で従来の通信教育とはまた異なる様相を呈している。

　さらに，緊急避難的に実施されたオンライン講義ではあったもののそれなりの効果は認められており，今後，COVID-19の影響が緩和されたとしても大学のオンライン講義化は加速するものと予想されている。一方で，実験や演習などオンラインでは決して代替できない大学教育も存在する。さらに，キャンパスのバーチャル化が進むと課外活動をどのように進めればよいのかという大きな問題が，学生や大学関係者には，突きつけられている。

　本章では，まずは2020年前期の様子を振り返り，大学で生じたいくつかのドタバタ劇を振り返ってみたい。

1.1　突如始まったオンライン講義

　2020年4月6日は，オンライン講義化を語るうえで特別な日であ

る。この日，いくつかの大学が先陣を切って2020年度の春学期を開始した。すでに新型コロナウイルスがパンデミックの状態となっており，どの大学もオンライン講義に切り替えることは決まっていたが，なにしろこれまでにない試みであるため，当初，各大学が右往左往していたのは当然のことであろう。

オンライン講義化の兆候

2020年の春を振り返ってみると，講義がすべてオンライン化する前に，大学の活動がオンライン化する兆しは春休みにすでに現れていたことを思い出す。

3月の春休み期間中と9月の夏休み期間中は，講義期間ではないため学会が開催されることが多い。2月は入試が行われるので忙しく，入試業務が一段落ついたら学会に，というパターンが，春休み期間中に大学教員がとる典型的な行動である。

2020年3月3日には，私が専門委員として関与している電子情報通信学会のサイバーワールド研究会が開催された。その際に，いつものように人を集めて開催するか，オンラインで開催するか，判断を迫られた。結局，人数もそれほど多くないことから対面で集まって実施したのだが，2020年の秋頃まで学会・研究会は対面で実施されることがなく，しばらくはこの会が最後の対面イベントになってしまった。その後に実施された学会や研究会は，ほとんどすべてオンライン開催[1]となっている。

1：研究活動のオンライン化については8章で述べる。

急ごしらえのオンライン講義準備

　そのような状況もあり，社会情勢を鑑みて，4月からの講義はオンライン講義化するということが，各大学で決定されていった。文部科学省からの通達も発行され，本来，多様なメディアを用いた講義，すなわち通信を用いた講義は60単位までという制限があったものは今回の特例措置として撤廃するということになった。

　社会的にも感染拡大防止のためのステイホームが奨励されていた時期と重なり，3月には，ほとんどの大学関係者はオンライン講義の覚悟を決めていたはずである。

　しかし，なにしろ慣れないオンライン講義である。東京大学で開かれた教員向け説明会は，なかなか圧巻であった。私も2020年度から非常勤でお世話になる予定になっていたので，東大が実施したオンライン講義説明会に参加した。

　Zoomを用いて実施されたオンライン講義説明会は，専任教員と非常勤教員が多数参加し，1,000人の定員が埋まるほどであった。なお，1,000人というのはシステム上の制限である。

　東大のオンライン講義対応は，中心となった東京大学情報基盤センターのオンライン講義対応チームが八面六臂の活躍をし，念入りな準備が進められていた。しかし，説明会に参加する先生方のなかには，ITに関する知識が疎い方も多数いらっしゃる。説明会において「Zoomを使うのは今日はじめてか，あるいは，使いはじめて1週間程度の初心者であるか否か」という問いかけが行われた結果，半数の500名程度がZoom初心者であるという状況であった。

　その際の様子がどうであったかの詳細は省くが，かように，ほとんどの大学教員が，急ごしらえでオンライン講義の準備を進めていったことは紛れもない事実である。

1.2　オンライン講義開始で何が起こったか

　Twitter のトレンドを解析するツールである TWtrends というシ
ステムがある（Iio, 2019）。2019 年の 1 月 1 日から運用されており，
Twitter のトレンドを俯瞰することができる。2020 年 4 月 6 日，い
つものようにトレンドのリストを覗いてみると，リストの中の
「manaba」というキーワードが目を惹いた。「manaba がどうし
た？」とその状況を調べてみたところ，図 1.1 のようなグラフにな

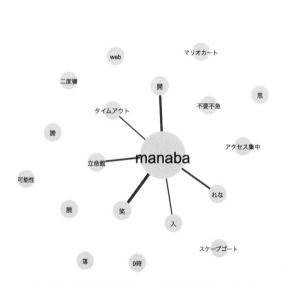

図 1.1　観測された「manaba」のトレンド構造

っていた。

　なお，manabaというのは，株式会社朝日ネットが運営している学習支援システム（Learning Management System, 以下，LMSという）の名称である。manabaは多くの大学で利用されており，私が勤務する中央大学でもmanabaが活用されている。今回，講義がオンライン化するにあたって，最大限に活用されたシステムのひとつである。

Twitterトレンドが示す「事件発生」

　図1.1をざっと説明すると，図に示されるグラフは「manaba」というキーワードに関するツイートを分析した結果を表している。中央の大きな丸で表示されている「manaba」は最も出現頻度が高かった言葉であり，それに関連する単語[2]が線で結ばれている。

　「manaba」がトレンドに上がっていた理由は，立命館大学で利用している「manaba＋R」[3]が朝の講義開始とともに学生からアクセス集中し，使えなくなったかららしい。それで学生がいっせいに悲鳴をツイートした結果，トレンドに上がることとなったという顛末のようだ。

　この図から推測できるのは「『manaba』が『タイムアウト』しちゃって『開』けない。『不要不急』の講義参加は『諦』めて『マリオカート』でもするか，『二度寝』しよ」という図式である[4]。

2：同じツイートに含まれていた単語を，「関連する単語」と定義している。これを「共起性」といい，共起の頻度が高いものを太い線で，そうでもないがそれなりに共起しているものを細い線で結ぶと，図のような図形が描かれる。

3：立命館大学では，同大学用にカスタマイズされて使用しているmanabaを，こう呼んでいるとのこと。

　関連するツイートをいくつか追っかけてみると，印象に残るものとして「登録した学生が一斉にアクセスしたら落ちるシステムってどうなの？」などというコメントもある。「まあ，そうねえ，ごもっとも……」ではあるが，最適化を考えると最大負荷をもっと低く見積もっていたとしてもしょうがないところだろう。平時なら，まあ，それでもしょうがないし，長期的な最適化を考えたらうなずける話だ。

プランＢの重要さ

　さて，先に述べたように私の勤務する大学でも manaba を使用しており，講義開始は若干遅らせることにしているとはいえ，講義を始める日はこのあとすぐにやってきた。先陣を切って例示してくださった立命館大学には感謝しつつ，この日「不測の事態に備えねばなるまい」と感じたのは言うまでもない。なお，ひとつのシステムに頼り切るのではなく，万が一そのシステムがダウンしたときであっても，なんとかなるような「プランＢ（代替案）」をきちんと考えておくことも大切だろう。

　プランＢとしては，以下のようにいろいろと考えられるが，その際に考慮しなければならないこととして，アクセス性（ユーザビリティ），コンテンツへのアクセスコントロール（セキュリティ），学生のプライバシー確保や著作権の配慮など，さまざまな観点がある。それぞれ一長一短あるので，注意が必要ではある。

4：もちろん，すべての学生がこうであるということではなく，あくまで推測であることには注意されたい。

プランBの具体例

プランBの具体例としては，次のようなものが考えられるだろう。

- 学外のLMSサービスを使う。たとえばGoogle classroomなど
- 動画を使っている場合はYouTubeなど別のサービスに退避しておく
- LINEやその他のSNSを利用してコミュニケーションのバックアップを用意する

なお同日，東京大学でも同様の混乱がみられたとのこと。たしかにTWtrendsをみてみると，東大で使用しているシステム（UTAS）の名称がトレンドに出ていた。東大でもシステムにアクセス集中してサーバの反応が悪くなるという状況になっていたそうだ。しかし，それに対してきちんとプランBを用意していた某先生は有能だった。あるツイートによれば「UTASとITC–LMSが重くて動かなくなることを予想してGoogle clasroom（ママ）を事前に準備してた」（@warmth_Po，2020年4月6日，午後1：04）とのことである。すばらしい。

その後の対応

立命館大学や東京大学で混乱が生じたことは，それに続く各大学にたいへん参考になるものであった。2週間遅れてオンライン講義を開始した中央大学では，実際のところどうだったか。

開始までの2週間，システムの増強をすべきだという意見を私はさまざまなチャネルで主張したが，残念ながら，実際にはそれほど効果はなかったようである。後楽園キャンパスの理工学部が1日先に講義を開始[5]し，あまり問題が生じなかったことも災いした。理

工学部単独とその他学部大勢では規模が違うため，翌日，中央大学でも manaba のトラブルが多発してしまった。

　その後，各大学で同じようにトラブルが発生した話を耳にした。ただし，manaba 側もアップロードできる動画サイズの制限を加えるとか，さらにはシステムを増強する対応をとったとか，いろいろな対策が施された。そのため，前期が（例年より遅れて）開始されて数週間も経つと，システム的なトラブルは解消されていったようにみえた。

1.3　はじめてのオンライン講義

　どの大学も，例年よりも遅らせて講義を開始するという対応をとっていた。そこで，4月の上旬に，正式な講義開始に先駆けて，オンライン講義のテストをやってみることにした。なにしろこちらも初めての体験なので，慎重にならざるを得ないところである。そこで，テストを兼ねてガイダンスを実施した。講義を配信するオンラインミーティングシステムには Zoom を使い，参加学生は 70 名程度であった。

オンライン講義テストを兼ねたガイダンス
　ガイダンスの構成は，次のようなものとした。
　　1．自己紹介（ちゃんと音声が聞こえているかどうか「挙手」機能を用いて確認）
　　2．資料を画面共有で写しながら，簡単な説明

5：学事日程上，元からそうなっていた。

3．参加者ひとりひとりによるショートスピーチ（意気込みなど）

4．補足事項を連絡して終了

　動画は，教員（こちら）側はON，学生側はほぼ全員OFF。音声については「基本は全員ミュート。ただしミュート解除はOK」という条件で始め，全員に発言を求める際には，こちらから順番にミュート解除して呼びかけることで実施した。

　冒頭の，音声が聞こえているかどうかについてはほぼ全員が「挙手」してくれたので問題なしであった。ただし，学生の反応が得られないので，壁に向かって語りかけているような虚しさがあった。振り返るとこのときこの虚しさにすでに気付いていたことに驚くが，この問題は重要なテーマであり，後で何度も議論することになる。

最初のオンライン講義テストで露呈した課題

　全員に発言させるときに，「参加者リスト」を見ながら順番に発言を促していった。しかし，以下のような問題点が露見した。

　Zoomの仕様上，参加者リストが動的に変化してしまうので，「上から順番に」というやり方で追いきれない。4人ほど漏れが出てしまった。これは，1. まず全員に「挙手」でマークをつけてもらい，2. 発言したら手を下ろす[6]，という方法にすべきであった。

　こちらからミュート解除したものの，発言が出ず飛んでしまった学生が2名いた。席を外していたわけではなく，学生側のマイク環境の不手際であったとの説明があった。

6：挙手している学生の手を下ろすという操作は，教員側から操作することができる。

　初回のテストにしては，思ったより円滑にできた。後者のトラブルが少なかったのは，すでに春学期が開始された週の半ばなので，他の授業等の経験により学生も慣れてきていたということはあるかもしれないだろう。

1.4　オンライン講義もいよいよ本格化

　次に紹介するのは，本格的なオンライン講義を始めたときの記録である。「ひとコマ105分（あるいは，100分ないしは90分）ずっとしゃべりっぱなしは双方にとってよろしくない」などという先達の知見を参考にして，以下のような工夫をしてみた。

これを機会に反転授業（っぽい授業）に挑戦

　せっかくなので，これを機会に「反転授業」方式に挑戦してみることにした。反転授業とは，事前に講義動画を学生や生徒に見せておいて，授業時間はその知識に基づいたディスカッションに時間を割く，というスタイルの授業である。といっても事前に動画を用意するのはなかなかしんどいので，この科目では「1週間前に，スライド資料を読み込ませる」とした。

　案の定，「スライド資料だとわからない。手抜きだ」という意見もあったものの，まあ，非常時なので許してほしいところである。もちろんスライド資料は教科書をベースにしているので，本来は教科書をじっくり読んでほしいのだが。まあ，スライドだけでも構わない。学生には「わからないところ，深く知りたいところのメモを課題として提出せよ」と事前課題を出した。

講義の組み立てと，やってみてどうだったか

　課題提出は講義の2日前までにして，締切から講義開始までの間に提出された質問をまとめておく。そして講義の時間配分は次のように予定した。

- ・配布した資料の説明（50分）
- ・休憩（5分）
- ・質問やコメントに答えていく（50分）

　しかし，実際には資料説明に1時間以上使ってしまい，最後の質問コメント対応の時間がだいぶ圧縮されてしまった。それは今回の反省点である。学生にはお詫びとしてLMSに個別に返答を書き込むこととした。本当は質疑を皆で共有したいんだけどなあ。

　後半，話しているこちらだけでなく，視聴している学生もどうしても疲れてしまうことが想定されるため，質問やコメントに答えていく方式にしたのは「ラジオ番組のように気軽に聴いてもらえれば」という意図を込めている。後半疲れてきても，これならこちらも十分に耐えられる。

　実際やってみたら，質問した本人から被せるような質問の割り込みが入ってきたりして，予想外にインタラクティブにできた。それなりに効果があるやり方のような手応えを得た。

その後の展開

　しばらくこのスタイルで続けてみようかと当初は考えていたのだが，その後，このスタイルはなし崩し的に終わりになってしまった。前半に実施する配布した資料の説明に，質問やコメントへの回答が自然と組み込まれてしまったからである。

　いずれにしても，試行錯誤でやっている以上は，ひとつのやり方

に固執しないほうがよいだろう。なにせ，全国，全世界の大学教員が手探りで進めているのだ。いずれ最適解に落ち着くまでは，暖かく見守ってほしいところである。

1.5　オンライン授業で悲喜こもごも

さて，5月に入るとオンライン講義が本格的に稼働し始めた大学も多くなった。しかし，この時点ではLMSにアクセス集中でサーバダウンだとかの阿鼻叫喚なコメントも，まだ，ちらほら届いていた。前述したように，4月のアタマに東大や立命館大が先陣を切ってトラブルを示してくださったのを反面教師にできなかったのだろうかという疑念も残るものの，まあ，各大学でもいろいろと事情があるのだろう。

さまざまな対処を経てなんとか無事にスタートを切ることができたという大学の報告も耳にした。そのような経験は皆で共有し，今後に備えたいものである。

学生の反応と学修のあるべき姿

ところで，本格的なオンライン教育がスタートして学生の反応をみていると，「課題が多くてたいへん！」という悲鳴をちらほら耳にするようになった。「たいへんなのはその課題にいちいちフィードバックしなきゃならない教員も同じだよ！」と主張したい気持ちもあるが，たしかにオンライン講義で「課題を与えてフィードバックしなさい」という文部科学省の指導もあり，おしなべて，どこの大学でもそのような状況になっているようである。

「対面授業だったらさあ，教室に行って寝てればよかったのにさ

あ」というフトドキな学生の声は，この際，無視するとして，たし
かに，教員も大変なら学生も大変な状況であったというのも事実で
ある。

　しかし，この状況を俯瞰でみてみれば，あるべき姿に近づいてい
るのではなかろうかと考えることもできよう。今回のオンライン対
応のよいところは授業動画などの教材がたまっていくことなので，
今後，反転授業方式に対応するいいきっかけになったのではないか
と，私も前向きに捉えて作業を進めた。それと同じように，学生も
「予習・復習をきっちりする」という習慣付けをするいい機会にな
るのではなかろうかと考えるが，どうだろう？

学生も教員も右往左往

　ただし，課題の量の問題はなんとかする必要があるだろう。すべ
ての先生が張り切りすぎると，学生の負荷も相当なものとなってし
まう。

　この問題は，学期が進むにつれて顕在化した。2020 年の夏学期，
夏休み直前の頃は各方面から学生の悲鳴が聞こえてきたものである。
まあ，「それに耐えられる学生が真の大学生だ！」と突き放すのは
簡単ではあるが。

　そして教員側も苦悩を抱えることになった。紆余曲折を経てオン
ライン講義も軌道に乗り，日本全国，いや世界中で，学生も教員も
ひたすら試行錯誤の毎日ではないかと想像しつつも，その後，なん
とか前期のオンライン講義を進めていった。そのようななかで，気
付いたことがあり，学生への注意喚起も兼ねて，図 1.2 に示すよう
なアナウンスを LMS に流した。

課題の提出について，2点，連絡します．

【1点め】
コンテンツを前倒しで公開しているので，今週はどの回を勉強すればよいの？とよく分からなくなっているかもしれません．これについては，こちらも初めての試みで，試行錯誤しながらやっているので，混乱を招いていることについて謝ります．ごめんなさい．

さて，そのうえで，課題の回答がズレている提出が散見されるようになってきました．「第〇回の課題」というところをきちんと確認して，その回の課題を適切に提出するようにしてください．注意力が問われています．よろしくお願いしますよ！

【2点め】
manabaはとても便利な機能があり，誰がコンテンツをきちんと視聴したか，いつアクセスしたか，提出は何時だったかなど，全て「記録が残っています」．
提出状況をみると，締め切り直前に駆け込みで提出している様子が，多数，みられます．そのようなギリギリの対応を続けていると，いつか破綻するので，気をつけましょう．

図1.2 学生への注意喚起

「記録は全部，残ってるんだよ？」という話は「脅してもしょうがないし」と思ってはいたものの少し目に余る感じを受けるようになってきたので，つい，書いてしまった[7]。

学生も大変だし，教員も大変だし，でも，ここで得た知見をうまく反映させられれば今後の教育価値も上がるだろうし，とまあ，ポジティブシンキングで捉えるしかないかなというところだろう。

教員の苦悩

以下に示すのはオンライン講義が始まって2週間ほど経った4月末に著していた文章である。日記のようなものだが，引用しよう。わが身のことながら苦労が忍ばれようというものである。

7：LMSの学修状況記録監視機能については3章で詳しく述べる。

　オンライン講義が軌道に乗ってきて，ようやく，リズムが出てきたというところ。それにしても，対面でやるのにいかに慣れていたかを痛感させられる。

　全部オンラインミーティングシステムで置き換えてしまえば楽なのになあとも感じている。もちろん，狭い画面で情報量が少ないとか，顔出し NG の学生ばかりだと空に向かって話しかけているようだとか，単純に置き換えてしまえばよいというわけではないことは重々承知しているが……。

　学生の通信環境の負担とか，いろいろな理由で，資料提示型，動画配信型が望ましいというお達しが出ている。それはいいのだが，提示しっぱなしではイケナイという。そりゃそうだよなあ。仕事放棄だ。で，それに対して学生からフィードバックを求めてそれに対してケアをせよという。でも，言うは易く行うは難しだ。

　少人数講義だったらそれでもなんとか対応できるが，100 人を超えると，学生からの質問や意見に全部答えるのって，しんどいよ？　現場わかってるのかなあ。ま，粛々とやるけどね。

2章　オンライン講義の実際

　本章では，2020年度前期に実施されたオンライン講義が，実際の
ところどのようなものだったのかを振り返る。国公立大学の教員と
比べると，私立大学の教員は担当する科目の数（コマ数という）は
それなりに多い。私も，非常勤を含めていくつかの講義を担当し，
それらのすべてがオンライン講義として実施した。

　私は10名弱の演習系講義から，100名までの中〜大規模講義まで，
いくつかの講義を担当した。たまたまではあるが，ほとんどの講義
で異なるやり方を適用することになったため，いろいろな経験を積
むことができた。本章で紹介するいくつかの形態は，実際に自分が
実施してみての体験談である。

2.1　さまざまな形態のオンライン講義

　たまたま私が在籍している学部は情報系の学部なので，オンライ
ン講義といっても身構えてしまう教員は少なかった[8]。しかし，世
間一般の大学教員には，ITに詳しい人もいれば全くダメな人もいる。
そのような状況で「自前でなんとかしろ」と言われても，困ってし
まった教員が多かったのではなかろうか。

　「動画で講義コンテンツを作りなさい」と言われても，そもそも

8：残念ながら，まったくいなかったわけではない。

動画をどうやって編集したらよいのか見当もつかない教員は多かったはずである。あるいは，撮影自体がおぼつかないかもしれない。

そこで，各大学ではいくつかの指針が周知されていたようだ。中央大学では，次のように4段階でのオンライン講義が定義され，いずれかの方法でオンライン講義を実施すべしという指示が行き届いていた。

1. Zoom や Webex，Google Meet など[9]を用いた双方向リアルタイム・ライブ授業方式

2. あらかじめ講義動画を収録しておき，ダウンロード視聴させるオンデマンド方式

3. 動画コンテンツではなくスライド資料と音声による説明を視聴させるオンデマンド方式

4. スライド資料や文章による資料，教科書を提示して自学自習させる方式

さすがに最後の自習方式は，あまりにも責任放棄すぎるということで，現在は不適切ということにされている。しかし，IT に不慣れな先生方にとっては LMS を使うだけでも精一杯ということもあり，前期の緊急避難的状況においては致し方なかったというところであろう。

オンライン講義に課された制限

注意しなければならない点として，国立情報学研究所（NII）が「データ・ダイエット」と称して，動画データなどリッチなコンテン

9：中央大学が標準で用いていたものは Webex だったが，他のツールの利用を妨げるものではないとされていた。ただし，学生の利便性を考慮すると，どれか1つのツールに標準化することが望ましくはある。

ツの配布に対しては注意を呼びかけたことを挙げておかねばなるまい。

　オンラインミーティングシステムを用いた双方向のリアルタイム・オンライン授業（教員も学生も顔出し）が最も対面講義に近い状況を再現できるので，状況が許せばそのやり方が望ましいのではないかというのは誰もが考えるところである。しかし，学生の受講環境や，大学キャンパスから配信する場合は大学のネットワーク設備の問題もあり，そう簡単にはいかないというわけだ。携帯電話（スマートフォン）しか持たない昨今の学生事情を鑑みると，リッチなコンテンツばかり流されると学生が簡単にギガ死（パケ死）[10]してしまうというわけである。

　その制限に鑑み，実はリアルタイム・双方向オンライン講義はあまり推奨されず，スライド資料＋音声という方式がよいとされていたのは皮肉なものである。

　また，学生側の顔出し問題は，プライバシーへの配慮が必要だとか，他の要素も加わる。このあたりの課題は後述するとして，急遽スタートしたオンライン講義の実施に関しては，さまざまな制限が課され，また，課題が十分にクリアされぬまま，オンライン講義はスタートした。

様々な形態のメリットとデメリット

　このように，いくつかのやり方が提案され，また，教員の得意不

10：月々許可されているパケット通信量を簡単にオーバーして，追加の利用料が発生し，多額の通信量を払わねばならないという状況が懸念された。また，それに対して通信会社も「学生の通信量を大幅に解放する」というキャンペーンが実施されるなど，社会的な問題となった。

得意やITに関する知識の多寡などにより，あるいは講義の内容や対象によって，一口にオンライン講義といっても多様な形式のオンライン配信方式が使い分けられていた。ここでは，それらのやり方を，メリットとデメリットとともに整理してみたい。

2.2　リアルタイム・ライブ授業方式 （ラジオ番組方式）

　1章で，オンライン授業も本格化してきたときの状況を説明した。そのときのやり方が，このラジオ番組方式のオンライン講義である。手順を再掲する。

　　1．事前に翌週の資料をLMSで提示し「教科書の対応箇所を読みながら紐解け」と指示する

　　2．それに対して，わからないところ，深く理解したいところなどを簡単なテキスト形式のレポートとして提出させる

　　3．講義実施の前日に，それらに対して簡単な返答を書く

　　4．実際のオンライン講義では「質問が多かったところを重点的に」説明する

　事前の資料提示は有りものの資料があるので，それをそのままアップする。もちろん，その資料には要点しか書かれていないので，学修の理解を深めるには，教科書を読み込めるかどうかがカギとなる。

　学生が出してくる質問の粒度はさまざまだが，ときどき，かなり突っ込んだ質問をしてくる学生がいる。それに対してひとつひとつ答えるのは大変だが，こちらにとっても楽しい作業でもある。

　今回このやり方を適用した科目では，受講者は100人ほどいた。

100 人ともなると，3. の返答書きは力の入れ具合が難しい。念入りにやると相当に時間をとられてしまうので，肩の力を抜いて「それについてはオンライン講義で説明するから」でよい。同じような質問が重なるところもある。それは定型文のコピペで許してもらいたいところだ。

オンライン講義実施時の注意事項

　オンライン講義の実施時に注意することは，資料は画面共有で共有するものの，基本的に「それを見ていなくても理解できる」ようにしゃべることである。コレとかソレとか資料のココ，というような指示は使わないように注意する。図の説明をするときも，できるだけ日本語で説明しながら，聴いているだけでわかるようにしゃべる。

　ときとして脱線してくだらない話題を入れたり，チャットなどを利用して学生に意見を書かせたりという変化を入れることも必要だろう。なにしろラジオの DJ は「それではここでリクエスト曲を……」と休憩できるが，こちらは曲を入れて休憩するわけにいかないので。

　先に述べたように，以前の計画では「前半説明，休憩を挟んで，後半は質問に答える時間としよう」としたが，それはやめた。理由は 2 つある。まず質問をアレンジする手間がけっこうたいへんなことである。さらに，先に説明したように，説明のなかに質問に対する返答を入れてしまうほうが円滑に時間が流れるからだ。

　なお，実際のオンライン講義は諸事情により Zoom を使ったリアルタイム配信をしているが，状況によってはそれが不可能なこともあるかもしれない。その点は，非同期の動画配信方法や，場合によ

っては映像を使わない方法でも代替できるだろう。

リアルタイム・ライブ授業方式のメリット

　メリットは，学生の理解が深まる作用が期待できることである。これが一番大きい。事前に質問に目を通すので，だいたいどのあたりを難しいと感じているのかがわかる。したがって，事前の独学だと理解できてないだろうなあという点にアタリをつけることができる。そのあたりを重点的に説明すれば学修効果は高まるはず，ということは誰でも思いつくだろう。

　そして対面よりも学生との絆が深まりそうだということもある。なにしろ学生との接点が，オンラインの通話と質問のやりとりくらいしかない。こちらは顔出ししてるのに，学生の顔は基本的には見えてないので，オンラインでの情報流通はほぼ一方向でしかないという制限はある。しかし，質問やコメントのフィードバックを読む限りは，学生の満足度も悪くなさそうな感触を得られた。お世辞でも「丁寧な説明で理解できました」とか「面白かった」とかのコメントが書かれてくると，教員冥利に尽きる。

　また，ライブ授業は必ず録画して後から参照できるようにしておいた。この録画を活用した学生はあまりいなかったが，若干名，「授業を見逃したので録画で学びたい」という学生がいたことを補足しておく。

リアルタイム・ライブ授業方式のデメリット

　デメリットは，やはりどうしても手間がかかってしまうことだろう。反転学習のいいところを取り入れたスタイルになっているので，今までの対面講義以上に念入りな準備が必要だ。これは対面講義が

再開したとしても使える手法なので，高い学修効果が期待できそうな反面，教員の負担はこれまでより高くなる。実際に前期を通じて実施したらもうへとへとで，今回限りと割り切って頑張ったけれども，毎回このスタイルを続けるのはかなり覚悟がいりそうだ。

2.3 オンデマンド視聴方式
（1．動画投稿方式）

　次に紹介する方法は，講義動画を事前に収録してそれを配信するスタイルである。こちらも反転授業に近い感覚で実施している。

動画配信方式の手順
　動画配信方式は，次の手順で実施する。
　　1．事前に講義動画を収録しておく
　　2．1週間前にそれを配信し，1週間のうちに課題を提出させる
　　3．現状はリアルタイム講義をやっていないので，寄せられた質問には都度フィードバックする
　前節で紹介したラジオ方式よりは，シンプルなやり方かもしれない。なお，作成する動画はなるべく細切れにして，編集はしない。失敗したら取り直すくらいの細切れ加減でちょうどよい。
　当初，LMS（manaba）の50MB制限というものがあった。その制限に引っかからないようにと，準備した動画を10〜15分で刻んだのが功を奏した。その後，manabaの制限が10MBと厳しくなったためYouTubeに移行したが，それでも長い動画はYouTubeでも制限があり，このサイズが妥当と考える（YouTubeの制限は15分

である。なお，二段階認証するように設定すれば長さの規制は解除することができる）。

　「1コマぶん延々と動画を見させられるのは苦痛」という指摘がある[11]。動画は細切れにして，間に，小テストやLMSのさまざまな機能を入れ込む工夫があるとよいようである。

動画配信方式のメリット

　さて，この方式についても，その得失を考えてみたい。まずは，メリットから述べる。

　なんといっても講義動画は資産として残り，しばらく使いまわせそうだという点が最大のメリットと考えられる。対面講義ができるようになったら，資産として残った動画で事前に予習させ，講義時間内には質問に重点的に答えたり，あるいは応用・発展的な話題に触れたりというような，反転授業に移行することができそうである。やりたくてもなかなか実現できなかった反転授業への大きな足がかりになりそうという点で大きなメリットを感じている。

　教育効果についても，まあこれは動画配信方式に限ったことではないが，LMSを用いたやりとりで熱心な学生には重点的かつきめ細やかな指導ができるという点で，その効果に期待ができる。もっともこれは諸刃の剣で，教員の負担がかなり高い。私がしんどい，どれだけ頑張れるか，という問題が残る。これも程度問題ではあるので，落とし所をどこにするかが問われそうである。

11：もっとも，それに対しては「停止ボタンの使い方を教えて差し上げろ」といった意見もあり，それももっともな意見だと思う。

動画配信方式のデメリット

　デメリットはやはり，対面の講義ではないので，話す方も聴く方も「疲れる」という課題がある。これは慣れれば多少は解決するのだろうか。対面の講義では，受講生の顔色を伺って，わかったかな？　難しかったかな？　などと調整しながらしゃべっていたことを実感する。やはり，人に向かってしゃべるのとカメラに向かってしゃべるのでは，基本的なスキルが異なる，ということを痛感させられる。

　また，やはり準備が大変だ。だいぶ慣れてきて時間を短縮できるようになってきたとはいえ，当初は1コマぶんの動画を準備するのに半日かかった。教員の負担感をなんとかして軽減する必要があるだろう。作り込めば作り込むほど学生の理解度や満足度は高くなろうが，悩ましいところではある。

　動画を提供するので，通信量的な問題があるという点もデメリットだろうか。ただ，これについては「そのぶんヘンな YouTuber の動画みるの少しは我慢しろよ」とも言いたくなる。幸いにして私のいる学部は情報系で BYOD に対応するようにと学生に指示しているので，ギガ不足のような問題はほぼ発生しなかった[12]。

その他の工夫

　その他の工夫として，ペンタブレット（以下，ペンタブという）を導入したことを挙げる。その効果は大きかった。まあ，これは講義の内容にもよるだろうが。この方式を取り入れた講義は数学なの

12：「ごめんなさい自分の使い方が悪いんですぅ」と反省の弁を述べつつ改善を
　誓った学生が1人だけいたらしい。

で，グラフや数式など，適宜，落書きができる必要があった。ペンタブの効果は項をあらためて取り上げてみたい。

　最初は白板に書いて動画を撮影してみるなどの工夫をしてみた（図 2.1）が，自宅で動画を撮影せねばならないことになり白板の使用は断念した。やむなく，比較的安価なペンタブを買ってきておそるおそる使ってみたところ，これがなかなかよい。これまで食わず嫌いで手を出さなかったことが悔やまれるレベルだった。

図 2.1　研究室での講義動画収録

2.4　オンデマンド視聴方式 　（2.　音声録音方式）

　演習を中心とした講義では，講義資料を配布してあとは演習を自習しなさいという感じのものもあった。緊急避難的なものであり今は推奨されないスタイルである。さすがにそれはあまりにも乱暴な対応だという指摘もあり，さらに，学生からも「音声による説明も

ほしい」というリクエストがあったので，資料を提供するだけではなく，音声による説明も追加するようにした（図2.2）。

図 2.2　音声データによる説明の配布（LMS の画面より）

音声録音方式の手順

　音声録音方式は，次の手順で実施した。

　　1．事前に講義資料を用意しておく

　　2．資料と教科書を参照しながら，演習課題の説明を音声で収

録する

3．演習の成果を課題として提出させる。課題提出とともに寄せられた質問には都度フィードバックする

ここまでに紹介してきたラジオ番組方式や動画収録方式より，さらにシンプルな方法である。動画収録方式と同様，録音する音声は細切れにして，編集はしない。失敗したら取り直すというのは動画配信方式と同様の方針である。

音声録音方式のメリット

メリットとデメリットを考えてみよう。

講義動画配信方式と同様に，収録した音声による説明は資産として残り，しばらく使いまわせるというメリットがある。資産として残った音声と資料で事前に予習させ，講義時間内には質問に重点的に答える，さらには応用・発展的な話題に触れてみるというような，反転授業への移行が期待できる。

映像を用意するわけではないので，気楽に収録できるという点もメリットかもしれない。結局のところ収録用のソフトウェアとしてはZoomを使っているので，動画も記録できてしまうのだが，音声のみの配信には音声のみのメリットがある。学生が演習で手を動かすことを考えると，動画を視聴しながらというよりは，音声を聞きながら手を動かすという点は利点のひとつだろう。

音声録音方式のデメリット

デメリットは，音声の情報量というところか。やはり，画像が伴ったほうがわかりやすくなるのは致し方ないところ。また，動画配信以上に「しゃべり方」に気を使う必要がありそうという点も気に

なる。コンテンツとしてそっけないというところも受講学生にとっては魅力が薄いかもしれない。

　一部で推奨[13]されていたような，スライド資料に音声を組み込む方法はあきらめた。まず，作成に手間がかかるということと，視聴環境によっては再生できたりできなかったりという話をちらほら耳にするからである。それをやるくらいであれば，スライド資料を流しっぱなしの動画を作ったってほぼ同じ，ということにもなるし。まあ，それも一長一短あるので全否定するわけではないが。そのかわり，説明のなかで「資料の何ページをみてください」「教科書の何ページに記載があります」といった指示は多用するようにした。

2.5　端末共有によるオンライン　　ペアプログラミング

　オンライン演習の応用として，学生の端末を共有したペアプログラミングを実施した（図2.3）。これがなかなか調子がよい。エラーが出てもすべてがこちらに筒抜け。だいたいどこでつまずくかわかるから，チャットも併用して「○○ってコマンド打ってみてごらん」「何行目が間違ってるよ」というように指導することができる。

　難点は，「そこ間違ってる」みたいな指示語が使えないところか。まあ，それはオンライン講義で注意しようという点では一般的な話題かもしれない。

13：事務室からの指示や，ネット上で流通していたオンライン講義の工夫として，パワーポイント資料などのスライドデータに音声データを埋め込む方法が推奨されていることがあった。

```
h1>MyPage for <%= @user.fullname %></h1>

<% if @students != nil %>
  <p>
    <% @students.each {|st|
       color = @updated_users.include?(st.id) ?
         'btn btn-warning' : 'btn btn-light' %>
    <%= link_to st.fullname, user_path(st.id), class: color %>
    <% } %>
  </p>
<% end %>

<div class="form-group">
  <%= form_with model: Post.new do |f| %>
    <%= f.text_area :body, placeholder: 'Add your comment',
        class: 'form-control', rows: 10 %>
    <%= f.hidden_field :id, { value: @user.id } %>
    <%= f.submit 'submit', class: 'btn btn-primary' %>
  <% end %>
</div>

<% if @posts != nil %>
  <% l = @posts.length; @posts.each_with_index {|post, i|
"app/views/users/show.html.erb" 39L, 1110C
```

図 2.3　端末の共有による指導

画面共有による指導の効果

　このやり方がうまくいっているのは，院生1名を相手にした指導であり，マンツーマンで贅沢なゼミをしているからかもしれない。複数人に対してこのやり方は通用しなさそう。いちいち画面共有を切り替えないといけないので，できても数名だろう。画面共有，複数人の画面を一度に共有できるようなオンラインコミュニケーションツールは無いものだろうか。

　というような議論をSNSでしていたら，某大学の情報工学科に勤務されている先生から，自分のところでも似たような指導をしたという情報をいただいた。曰く，順繰りに画面を共有して指導しているとのこと。他の学生からも丸見えなので，オンライン演習の効果が高いのだとか。手間はかかりそうではあるが，たしかに効果的な指導ができそうである。

業務でも効果的なのでは

　また，この方法は業務でも適用できそうな感触を感じた。ペアプログラミングという方法，アジャイル開発で提案されて，今ではそこそこ普及しているのではなかろうか。2人で1つのプログラミング作業を行うので効率があまりよくなさそうという第一印象とは裏腹に，そこそこ有効な方法と認知されているはず。オンラインでも，このやり方で，全く同じようにペアプログラミングできるので，試してみる価値はありそうだ。

3章　データは語る
──オンライン講義でわかること

　オンライン講義ならではのメリットとして，学生の学修状況をトラッキングできるということがある。対面講義であっても LMS を丁寧に活用すればある程度は確認できることではあるが，オンライン講義であればそもそも LMS 活用が大前提となっているので，自然と学生の学修状況を確認することができるというわけだ。

　本章では，動画コンテンツ配信方式によるオンデマンド型オンライン講義の実施を題材として，学生の学修状況を把握した結果，いろいろと考えるべき課題が得られたということを紹介しよう。

　なお，そもそも LMS には動画コンテンツを収容する機能があるが，アクセス集中問題などにより制限が加えられたため LMS と動画サイト，具体的には manaba と YouTube を連携させて活用する必要に迫られた。

　本章では，まず LMS と動画サイトの連携についての環境構築について説明し，その後，オンライン講義実施でわかったことに関するいくつかのトピックを紹介する。

3.1　LMS と動画サイトの連携

　LMS にはさまざまなコンテンツをアップロードできるのがたいへん便利なのだが，通信環境の容量問題やアクセス集中によるシステム負荷が耐えられないなどの諸問題が顕在化し，manaba へアッ

プロードできるファイルサイズが10MBに制限されるという期間が発生した。

　この制限に対して途方にくれた関係者は多かったのではないだろうか。とくに，動画コンテンツをアップロードしていた教員はあわてた。10MB以内に収めようとすると，ごく短い動画しかアップロードできないことになるからである。

　この制限を回避する方策として「動画はGoogle driveに置け」とワークアラウンドが指示されるも，どうも「Google driveに動画置いてダウンロードさせると利用規約にひっかかって垢バン[14]されるよ（アカウント停止されるよ）？」などと不穏な噂も流れてくる始末で，ほとほと困ってしまった。

　しかし，話は動画である。餅は餅屋，というわけで，YouTubeに置いて埋め込んでみた。けっこういい感じで利用できたので，結果オーライというところだろうか。

YouTube動画をLMSに貼り付ける方法

　やり方は次のとおりである。

　動画を撮影し，YouTubeにアップロードする。あまり長いと処理が失敗するので注意が必要である。15分までの制限がかけられているとのことで，これも二段階認証にするとその制限は解除される。YouTubeにアップロードした動画は，「限定公開」に設定しておけば公開されることはない。URLさえ内緒にしておけば，検索対象にはならないので非公開と同じ扱い[15]になる。

14：「垢バン」というのはアカウントが停止（ban）されることを示すネットのスラングである。「アカ（ウントが）バン（される）」より。

　YouTube の「共有」メニューで「埋め込み」のコードを取得（コピー）し，manaba コンテンツ側で「添付」ボタン→「埋め込みコード」を貼り付ける。これだけで OK（図 3.1）。

　やってみたら実に簡単だった。YouTube の URL がバレると誰からも参照されてしまうという点がやや気になるとはいえ，まあ，対処療法としては，こんなものだろう。もう，気分はすっかりYouTuber である（図 3.2）。

図 3.1　LMS に動画を埋め込んだ例

15：その代わり，URL を知っている人なら誰でもアクセスできてしまうので，完全なアクセス制御を期待することはできない。

図 3.2　YouTuber 化した大学教員

YouTube 利用の問題点

　ところで，YouTube 動画の作業をしていると，つい，オモシロ動画を観てしまい，気付いたら「おっと作業しなきゃならなかったんだ」と時間を無駄に潰してしまうことがある[16]。まさに Google にしてやられているというところでお恥ずかしい限りだが，これは，学

16：私だけ？　すみません。

生も同じではなかろうか。

　そのような話をしていたら，ある先生から「学生から『おすすめ動画見ちゃうから動画へのリンクに?rel=0をつけてください』と言われました」と報告を受けた。これは，現在 YouTube 画面で観るときは無効になっているらしいのだが，埋め込み動画にしたときには有効とのこと。私の使っている LMS ではそもそも視聴が終わると画面はそこで止まるので，あまり意識していなかった。

　しかし，そもそも YouTube の画面で観てしまったら，右側に面白そうな動画が並んで出てしまう。したがって，ページに埋め込んだとしても，画面右下に出る「YouTube で視聴する」リンクをクリックしてしまえば元の木阿弥である。せめて教員がとり得る対応としては「ココはクリックしないように」ということくらいだろうか。

3.2　システムログは語る

　ところで，講義の話題から話題が若干逸れるが，LMSや動画サイトの視聴ログを眺めていて，興味深いことがわかったので紹介したい。

　開設して 2 年めを迎えた中央大学国際情報学部（iTL）では，2 年生後期からゼミ活動が始まることになっている。その準備として，6 月から2ヶ月かけて，各教員への学生配属の調整が行われた。実際のところ，この状況下で調整の全てをオンラインでやらねばならないのは，かなりたいへんだった。当初予定していたゼミ紹介のイベントも中止になり，そのためいろいろと問題も噴出した。それらは，来年以降への課題として残された。

　面白いなと思ったのは，自分のゼミ紹介を動画化して YouTube

に置いた結果として得られたデータである[17]。動画をYouTubeに置いていたことで，視聴ログの統計データも見られるようになっていた。ちなみに，飯尾ゼミ紹介の動画は（その1）から（その6a）と（その6b）まで，7本の動画から構成されている。また，それぞれの動画の長さは10分前後である。

平均視聴率の推移

　まず図3.3である。このグラフ，これは「飯尾ゼミ紹介（その1）」に関する平均視聴率の推移を示している。視聴率というのは，いわゆるTVなどでいう全世帯の何％が観たかというそれではなく，最後まで観たら100％と数えるものらしい。

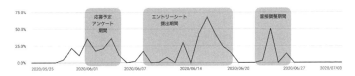

図3.3　平均視聴率の推移を示す折れ線グラフ

　この時系列データから，応募予定アンケート期間は，様子見派が多数アクセスしてすぐに離脱していった様子を伺うことができる。エントリーシート提出期間の視聴率が高いのは，興味のある学生しかアクセスしてこなかったからという理由が考えられる。

　それを裏付けるグラフがもう1つある（図3.4）。

17：うちの学生以外にも公開しているので興味がある方は見てほしい。

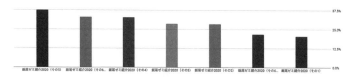

図 3.4　平均視聴率の良いものから順に並べた棒グラフ

　この棒グラフは，同期間に視聴された「飯尾ゼミ紹介（その1）」から「飯尾ゼミ紹介（その6b）」までの平均視聴率比較である。もっとも高い視聴率を上げた動画が「その5（左端）」で，もっとも低いものが「その1（右端）」となっている。ただし，もちろん，視聴数でいえば（その1）が圧倒的に多く，残りの数は少ない。

視聴ログデータから分かること

　これを見ると明らかに，明確な意識を持っている学生はきちんと情報収集に労力をかけているということがわかる。なんとなれば，後半までしっかり観ている学生は，動画を最後までちゃんと観ているということがデータに示されている。なお，「その6b」の視聴率が落ちているのは，最後の動画は春合宿の案内というやや異なる内容の案内だったせいかもしれない。

　ところで，面接調整期間に視聴があったのはなぜだろうか。これがよくわからない。人気ゼミから落とされそうだという学生が2番手の候補としてアクセスしてきたのだろうか。

　まあ，オンラインだといろいろとこんな分析もできて，悪いことばかりでもないなと思った次第である。

　なお，このゼミ紹介を観て「来年はぜひ先生のゼミを志望したいと思います」と連絡してきた1年生が居たのは嬉しい誤算であった。キャンパスで会えないからなおのこと，この手の情報公開が大切に

なってくるのだろう。教員もオンライン化に対して柔軟に対応していくことが求められるのだ。

3.3 「記録と行動の齟齬」問題

ところで，ある非同期型オンライン講義では，動画を配信し，その動画のなかで毎回，課題を出していた。そのオンライン講義のコンテンツは毎回，複数のページでいくつかの動画を提示するという構成になっていて，最後だけでなく途中でも必要に応じて課題の問題を示している。

問題の発覚

LMSの利点として，アクセス状況を確認できる点がある。そして，そもそも本件に関して「おかしいな？」と気付く前に，全体としてコンテンツのアクセス状況が減ってきていることが，若干，気になっていた。毎回，ページ数が微妙に異なるので，1ページあたりのアクセス数で比較しなければならないが，それにしても終盤へきてアクセス数が減るのは気になる。教員が皆，課題を出すので課題地獄になっている影響なのか？　ということも心配のタネではある。

そして今回の問題だが，ある学生が，最初の1ページしか閲覧していないというデータが浮かび上がった。最初の1ページは，前回の課題を解説する動画を上げているだけなので，そもそも講義資料にもアクセスできていないはずなのだ。全体の講義資料は2ページめに置いているからである。

しかし，当該の学生，課題はきちんと提出しており，それはきちんとできているのが不思議なのだ。はたして彼／彼女はどうやって

課題の情報を入手したのだろうか。

真相は不明

　LMS の記録が間違っているという可能性はあるだろうか。ある
いは，YouTube に置いてある動画がそのまま続いて再生されるのか。
動画はすべて限定公開にしているので，そんなことあるのだろう
か？　もしかして，再生リストのせいか？　など，疑念は尽きない。

　とりあえず状況がわからず，不思議な現象だけが起こっている。
YouTube の再生リストでそのまま動画が流れ続けるというのであ
れば，それはそれで構わないが，そうすると今度は LMS の閲覧確
認機能の抜け道ができてしまっていることになるので別の対応が必
要になりそう。それも面倒だ。

　結局この問題，本人に聞いてみたのだが返答がなく，迷宮入りに
なってしまった。

3.4　学修モチベーションを保つには

　アクセス状況が減っている件という懸念を確認すべく，実際に講
義コンテンツのアクセス状況を調べてみた。

　講義は 1 年生の数学，水曜 1 限という時間設定ではあるが，講義
動画を収録して非同期で閲覧できるタイプなので，その週のうちの
どこかで受講すればよい，ということにしていた。多くの学生は律
儀に水曜日に学修しているようだが，数学に前のめりになっている
一部の学生が，日曜深夜にコンテンツをアップロードした瞬間に，
視聴するということも確認した。

LMS の閲覧確認機能

　LMS には「閲覧確認」という機能があり，誰がいつコンテンツに
アクセスしたかチェックできるわけだ。この機能は，学生たちの学
修状況をモニタリングする意味で，ある程度，役に立つ。「ある程
度」というのは，動画をきちんと最後まで，2 倍速とかせずに，視
聴したかどうかまではわからないのだが，それでも，それなりに参
考になる。動画の視聴状況は動画配信プラットフォームとして使っ
ている YouTube でもそれなりにわかるが，個々のユーザとの紐付
けが曖昧なので，やはり「ある程度」になってしまう。

　さて，この数学の講義，1 本 10 分前後の動画を 7〜10 本用意して，
1 コマぶんの動画を視聴するというスタイルである。平時の対面講
義から演習の時間を差っ引いて「雑談そのまま収録」だと，そんな
ものになる。平時の対面講義だといつもなんとなく時間が足りなく
なるので，対面講義に比べてオンライン講義のほうが，少し，密度
は濃いかもしれない。

　各動画はだいたい 1 ページに 1 本[18] という体裁でコンテンツを作
っているので，やはり，コンテンツのページ数は 7〜9 ページという
ことになる。

アクセス状況の確認

　この講義を対象に，7 月初旬までのアクセス状況を分析してみた。
ページ数の差があるので，1 ページあたりのアクセス数で比較して
いる。すなわち，総アクセス数を A，ページ数を B としたとき，A
/B の数での比較である。

18：まれに，内容の関係で，1 ページに 2 本の動画を載せることもある。

　予想どおりというか残念だというべきか，やはり，全体的に右肩下がりの折れ線になってしまった。数値はあまりにも生々しいので割愛したが，推移を示す折れ線グラフ（図3.5）をご覧いただきたい。

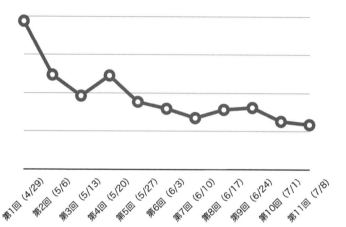

◎ ページあたりアクセス数（A/B）

図 3.5　アクセス状況の推移

　これを，進捗につれて，残念だが一部が離脱してしまう自然な傾向とみるか，それとも，初回から復習している真面目な学生が多数いるとみるか。

　初回がずば抜けて多いのは，この科目は選択科目なので履修するか否かを見定めるためにアクセスした学生が多かったのであろうということで説明がつく。しかし，3〜4回め以降から，緩やかではあるがアクセス数が減っているのは，気になる。理由を確認して対策を打つべきかもしれない。

アクセス数推移の詳細

　本件，その後，教員間でオンライン講義を円滑に進めるために設置されていた学内の情報交換用 BBS で相談してみた。何名かの先生から「うちはこんな感じ」という情報提供をいただき，比較してみたのが図 3.6 のグラフである。科目 A が私の「数学」である。履修人数が異なるので，第 1 回目のアクセス数で正規化して比較した。すなわち，図3.6 は，1 回目と比較してどれだけ減っているかを示す折れ線グラフである。

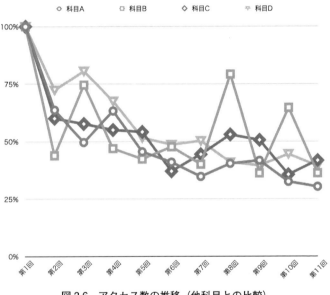

図 3.6　アクセス数の推移（他科目との比較）

　科目 B の第 8 回と第 10 回にアクセスが多くなっているのは，ゲスト講師を迎えて双方向授業を実施した回だそうで，その影響が出

ているとのことだ。

これを見る限り，どの科目でも順当（？）にアクセス数が減っている。これは私の問題というよりは，オンライン講義全体の課題なのだろうか。

対面講義との比較

さらに，オンライン講義に限らない？　対面講義のとき，出席ってどうだったっけ，と疑問に思い，そういえば「昔，出席管理システムの研究してたときに出席数の推移なんかを記録してたなあ」ということを思い出した。そこで引っ張り出してきたのが次の図 3.7 である。これは，とある講義で拙作の出席管理システムを試用していたときに記録していたデータをプロットしたものだ。

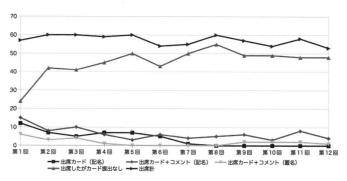

図 3.7　対面講義における出席状況の推移

このグラフをみると，出席数はそう変わっていない。うーむ……これをどう読めばよいだろうか？

4章　オンライン講義実施の工夫

とにもかくにも 2020 年の前期はなんとかオンライン講義で乗り切ったと，胸をなでおろした大学教員は多いはずである。本章では，オンライン講義のよい面に着目し，オンライン講義を実施してよかった点に何があったかをまず考えてみたい。教員と学生の対話という面でも効果的な部分は見つけることができたし，教員自らがオンライン講義の創意工夫を進めるなかで成長した面もあろう。

それだけでなく，オンライン講義を実施するうえで工夫を凝らしたこと，オンラインの狭い通信バンド幅のなかで円滑な対話を実現するための工夫や，雑談の効能などについて，考えてみよう。

本章の後半では，オンライン講義実施の具体的な手順について，説明を加えておく。映像制作には素人であるはずの大学教員がそこそこのクオリティを維持したうえで，オンライン講義動画をいかに効率的に作成するか，さまざまな工夫を凝らしてコンテンツ作成に取り組んできた。ペンタブを導入したり，自動字幕を活用したりというちょっとした工夫についても，本章で紹介しておきたい。

4.1　オンライン講義実施で得たもの

前期のオンライン講義もゴールが見えてきたという時点で，オンライン講義実施で何を得たのかを振り返った。

オンライン講義実施でよかったこと

　なんにせよオンライン講義用に収録した動画が財産になったことが大きい（図4.1）。

　これまで，やれ反転授業だのアクティブラーニングだのいろいろ言われていたが，予習用の動画を撮るというところがネックになっていた。そもそも対面で話すやり方とカメラに向かってしゃべるのでは話者の心構えからして違うし，私の講義スタイルとして教室での講義は学生の間をウロウロと歩きながら一体感を醸成しつつ議論を進めるタイプだったので，「教室で話しをしているのをそのまま動画に撮ったって，見にくいだけだろうがよ」と二の足を踏んでいた。

　しかし，今回，このような状況になったために「カメラに向かっ

タイトル	アクセス	公開/非公開	ページ数	最終更新日時	順序	管理
第1回 (4/29)	2369	公開中	8	2020-05-01 14:14	▼	⚙
第2回 (5/6)	1727	公開中	9	2020-05-01 14:14	▲▼	⚙
第3回 (5/13)	1368	公開中	9	2020-05-06 08:59	▲▼	⚙
第4回 (5/20)	1361	公開中	7	2020-05-13 09:11	▲▼	⚙
第5回 (5/27)	1102	公開中	8	2020-05-25 21:20	▲▼	⚙
第6回 (6/3)	1128	公開中	9	2020-06-01 00:24	▲▼	⚙
第7回 (6/10)	868	公開中	8	2020-06-08 07:01	▲▼	⚙
第8回 (6/17)	875	公開中	7	2020-06-15 09:38	▲▼	⚙
第9回 (6/24)	1004	公開中	8	2020-06-22 05:46	▲▼	⚙
第10回 (7/1)	903	公開中	9	2020-06-29 00:04	▲▼	⚙
第11回 (7/8)	763	公開中	8	2020-07-06 00:12	▲▼	⚙
第12回 (7/15)	959	公開中	8	2020-07-13 00:10	▲▼	⚙
第13回 (7/22)	1081	公開中	9	2020-07-20 01:55	▲▼	⚙
第14回 (最終課題)	407	公開中	1	2020-07-20 00:07	▲▼	⚙
コメントに数式を書き込むやり方	122	公開中	2	2020-05-10 18:48	▲▼	⚙
おまけコンテンツ	263	公開中	3	2020-05-30 08:55	▲	⚙

図4.1　作成した動画コンテンツたち

て全講義を収録しなければならない」という事態に直面した。嫌で
も講義スタイルを変えねばならない。転んでもただでは起きないぞ
とばかり，今回の収録は，今回の非同期型オンライン講義のみなら
ず，アクティブラーニング用の予習素材作成を兼ねることにした。

　毎回の講義動画収録は，なかなかたいへんではあった。初回，2
回めくらいは，1コマの収録に半日かかってしまった。細かな編集
作業なしにしてそれである。しかし，だんだん慣れてきて，最後の
ほうでは，実際の講義時間プラスアルファ程度の時間で収録から
LMSへのアップロードまで，できるようになった。やればできるも
のだなあ。そして，今，やりきった後に残った動画が大きな財産に
なったのではと，少し喜ばしく感じている自分がいる。

今後どうしよう？

　というわけで，かねてより懸案であったアクティブラーニングへ
の足がかりが（はからずも）できてしまった。もとより演習科目な
どではアクティブラーニングっぽいことをしてきてはいるが，通常
の講義科目での反転授業の経験はまだない。

　今回得られた一連の動画を無駄にしたくはないので，来年からま
た試行錯誤を積み重ねていくことになるだろう。ひとつ確実に言え
ることは，出張や傷病で休講，ということが無くなっただろうか。
とりあえず「留守でも動画みておいてね」でよく，補講も今までよ
りやりやすくなったはず。

　いずれにしても，少々楽しみなことがある。それは，いつも学生
の授業評価アンケートで「予習・復習しましたか？」という項目の
点数だけ極端に悪いところが，今後は改善していくのではないかと
いうこと，そして，この講義動画を今後活用していけば，その点を

補強できるのではないかと期待できるということだ。大学の講義の
あり方も，新しい様式になっていくのだろう。

4.2 インタラクションの観点からみた オンライン講義の利点

　次に，オンライン講義を始めた当初に感じていたオンライン講義
の可能性について，整理してみたい。以下は，声だけの顔の見えな
いオンライン講義でもよいところはないだろうか？　と考え始めて
いた頃の，漠然としたアイデアである。

対面講義より学生の正直な声を聞けるかも

　オンライン講義の初回実施時には，ひとりひとり，順番に「意気
込み」を聞いてみた。ネットの向こう側にいる安心感からか，ある
いは「大勢の前で話す緊張感」を感じないせいか，私に語りかける
ように素直に意見を表明してくれた学生が多かったような印象を得
た。

　こちらがわの不慣れな点もあり，順番がうまくいかないこともあ
ったが，何人かが自発的に，チャットで，こうしたらどうですか？
という提案をしてくれた。キーボード，タイピングへの習熟度の差
が多少は影響するだろうが，挙手して提案よりは，学生側も発言へ
の抵抗感が低いのかもしれない。

工夫すればインタラクティブにもできそう

　別の先生から，対面の授業より質問が増えた，という報告もあっ
た。対面の講義において，「インタラクティブにやりたいのでいつ

でも遮って質問してくれて構わない」といつも初回に説明している
のだが，なかなかそのようにインタラクティブな授業になることが
ない[19]。学生に聞いてみると，「質問で遮ることで講義を止めてしま
うのが申し訳ない」という気持ちと，「こんな簡単な質問をするの
は恥ずかしい」という思いがあるので，躊躇するようだ。まあ，後
者については学生の大きな勘違いであることも多く，意外と芯を突
いた質問や疑問でハッとさせられることもある。

　オンライン講義だと，この点で改善を見込めるのではないかとい
う期待がある。授業中の発言に関して，チャットで（こっそり）質
問する，という行為が，学生側の抵抗感を大きく下げているように
見受けられる。また，教室のなかで悪目立ちすることがない，とい
う安心感も，学生側からの発言機会を増やす原動力となりそうでは
ある。

教員側の負担は多いが，工夫すればなんとかなるか

　ただし，先日やってみてわかったのは，問題は「チャット画面を
監視しているわけにもいかない」という点で，チャットで質問があ
ってもそのタイミングがわかりにくい[20]ということだった。

　幸にして TA を付けてもらえる講義のため，TA には，チャット
の監視と，質問があったときの「発言による割り込み」などをお願
いするとよいかもしれない。いずれにしても，対面の講義と違って
いろいろな制約が多いので，オンライン講義ならではのよいところ
を少しでも探していければというところである。

19：これは，社会人相手の講演と学生相手の講義の大きな違いである。
20：ただし，Zoom の場合。他のツールだとまた違うだろう。

4.3　FD の観点からみたオンライン講義の利点

　次に，オンライン講義は FD にも有効なのではないかという面を考えてみたい。FD とは，Faculty Development，教員教育のことである。大学教員には教員免許がない。したがって，極端なことを言えば「誰でもなれる」。しかも教育法を習っていない教員が多数派[21] である。

　オンライン講義体制がだいぶ軌道にのってきた頃に，私の所属する中央大学国際情報学部では，オンライン講義のノウハウを教員間で共有しようという動きが自発的な感じで顕在化するようになってきた。これはとてもよいことである。

「隣の先生何するものぞ？」

　これまでの対面講義方式では，基本的に，他の先生方の講義を聴講する機会はほとんどなかった。私の所属する学部では，FD 活動の一環として，オムニバス形式で実施している科目については「他の先生が担当している回をできるだけ聴講して，気付いたメモを提出するように」という活動を行っていたが，まあ，それだけだった。なお，これはオムニバス形式の講義なので，自分が担当する回の前の回に参加することで，講義の連続性を担保しようというねらいもあり，それはそれで良い試みなのではないかなと考えている。

　しかし，それにしても他の講義については，皆さんどんな講義をされているのかということに関しては，先生方の自主性にお任せで，

21：多数派のはず。私も教員免許は持っていない。

よほど問題が発生しない限りは全面的な信頼を置いてお願いしていた。これはまあ，大学の権威を保つためにも重要なスタンスではないかとも考えられるが，旧態依然としたやり方ではあった。

組織的な教育提供へ一歩前進できたか

一方で，語学教育や初年次教育の基礎ゼミなど，組織として，ワンチームで進めなければならないタイプの授業については，それぞれ担当者が話し合いながら進めてきた。しかし，さすがにシラバスの共通化と基本となる資料やテキストの共有くらいが関の山で，それ以上の教育法に関しては，やはり個を尊重するスタンスを採用していた。これが，オンライン講義で少し状況が変わってきたようにみえる。

オンライン講義の準備はやはり大変で，できればその苦労はなるべく軽減したいところ。そこで，オンライン講義ではリソースの一元化をわりと簡単に測ることができるという点に，皆，気付きはじめた。たとえば国際情報学部の基礎演習では，何名かが共通資料を作り（私も作った），それを共有，あとは各教員が補足するという体制を取りはじめている（図4.2）。

このようにすれば，各教員は個別の学生指導についてきめ細かな対応をとることができるし，今回，とくに気付きが大きかったのは「ああ，あの先生はこんな話し方するんだな」というものだ。もちろん私のいま所属している学部は比較的こぢんまりとした組織であり，教授会の発言等でパーソナリティはよく存じ上げている皆さんだが，講義のときの説明の仕方など，あらためて学ぶ点は多かったと感じている。

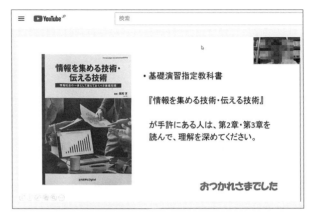

図4.2　担当の先生が作ってくださった動画のひとコマ

4.4 資料の再利用に関するオンライン 講義の利点

今期，私のゼミ活動では Web アプリケーションを作成してそれ を使って何らかのデータを取得，分析するという活動を行った。と ころが，一部のゼミ生のプログラミングに関する知識がきわめてあ やふやであることが露呈したのである。そのため，彼ら彼女らには 「不安のある人は1年生用に作っている『プログラミング基礎』の動 画を視聴して勉強しなおすこと！」と指示した。これはオンライン 講義の副次的効果というか，オンライン講義ならではの副産物とい えよう。

資料の使いまわしで再履修が簡単に

1年次の必修で「プログラミング基礎」の単位は取得しているは

ずのゼミ生ではあるが，学生の受講態度もさまざまだったために，習得している知識に差があるのは致し方ないところである。しかし，まさか1年生に混じって再履修させるわけにもいかないし，あらためて補講するのはかなり大変だ。どうしたものかと頭を抱えたのだが，そうかせっかく作っている授業の動画コンテンツを視聴させればよいではないかと考えた。

　動画を視聴したうえでの質問はゼミ活動のなかで受け付けるようにした。LMS の掲示板等を用いていつでも質問してきなさいと指示も加えた。このくらいの手間であれば，少人数のゼミであれば十分に対応可能である。

　オンライン講義も使いようだと感じた一件であった。

　なお，「プログラミング基礎」は複数の教員が分担して国際情報学部の全学生を対象として必修として実施している科目であるが，私の動画は他のクラスの学生からも視聴できるように情報共有している。このようにすれば，より積極的に学びたい学生は複数の教員からの指導を受けられるというメリットも得られる。基礎的科目であり教員間の連携も取りながら実施している科目なので，教えている内容に齟齬が生じるリスクは少ない。このようなことが可能になるのも，オンライン教材ならではのメリットといえるだろう。

オンライン講義化の副作用

　さて，講義のオンライン化が強制されたことで，これまでの対面の講義では「資料を事前に準備してオンラインで提供する」というようなひと手間をかけていなかった教員が，その手間をかけざるを得なくなった。その意味では，これも間接的なオンライン化のメリットなのかもしれない。

　振り返ってみれば、「資料提示型」と呼ばれる、とにかく資料を
LMS に上げるだけやっておいて、あとは学生に自習を促すタイプ
のオンライン講義も4月の当初は許されていた。これは「急にオン
ライン講義って言われても、対応できないよ」という IT にあまり
強くない教員を救済する措置という意味があった[22]。しかし「これ
はあまりに教員の手抜きだ」という学生からの苦情が相次ぎ、その
形態は認められなくなった[23]。

　いずれにしても、そのような緩衝期間、移行期間を経て、「資料
を事前に準備してオンラインで提供する」さらには「動画や音声で
解説する」「オンラインミーティングツールを用いて双方向オンラ
イン講義を提供する」という段階にオンライン教育環境が、教員側
の対応としても整備されていったことは、事実として理解してほし
いところではある。

　さらに願わくば、今回の騒動が落ち着いて従来型に戻ったとして
も、今回の経験を活かして教育の質がさらに向上することを期待し
たい。少なくとも自分としては、今回たくさん作成した講義動画が
資産になり、反転講義にチャレンジできるようになった。その他の
効用もあった。オンライン化の副作用万歳といったところである。

4.5　オンライン講義をやりやすくする
　　　サクラたち

　ところで、オンライン講義においては、ひとりふたりでも顔出し

22：少なくとも私の知る範囲ではそのような雰囲気であった。
23：未だに認められている大学はあるかもしれない。そのへんは各大学の状況に
　　よるだろう。

OK の学生がいるとやりやすい。

　ネットワークの帯域への配慮とか，学生のプライバシ確保だとか，いろいろな理由で「顔出し NG」が推奨されているオンライン講義だと，教員側の画面には，受講者の名前しか表示されない。そのような画面に向かって話をするのには，まるで名簿に向かって語りかけているような味気なさがある。

「話しかける」

　そもそも「講義や講演，プレゼンテーションは，受講者，オーディエンスとのインタラクションなんだよ」と学生にも教えている。図 4.3 は 1 年生向け基礎演習の講義資料のひとコマである。したがって，一方的にしゃべるスタイルがいつもと勝手が違うのは当たり前だろう。一方的なおしゃべりには放送局のアナウンサーのような，

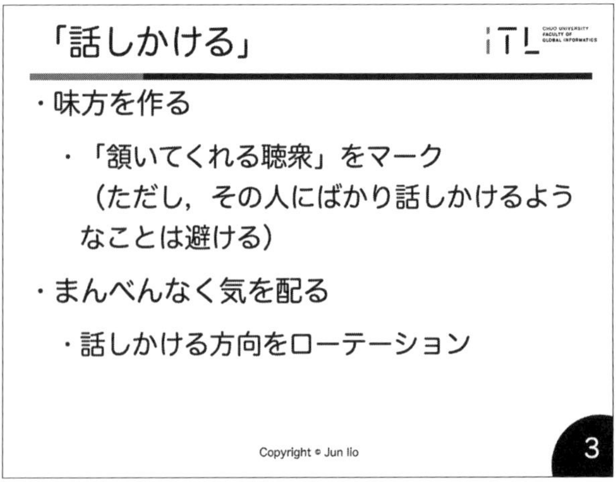

図 4.3　プレゼンテーションのやり方（1 年生向け基礎演習資料より）

また別のスキルが求められるわけだ。

　放送大学でもアシスタントがちゃんと付いてる。以前，Schoo[24]
に出演（出講？）したときも，アシスタントが付いていたのでとて
もやりやすかった。放送型の情報発信だと，隣に座っているアシス
タントはすごく重要な役割を担っている。

　そこで，それにヒントを得て，アシスタントを頼むことにした。
幸にして自分が担当した科目には TA が付いてくれていたので，
TA にアシスタント役をお願いしてみたのである。といっても，お
願いしたのは「顔出しして，テキトーに相槌うってくれる？」とい
うだけのこと。「授業中に冗談とばしたらウソでも微笑んでね」と
いうのは，これはちょっと余計なお願い[25] か。

まさに Teaching Assistant

　結論としては，これが大正解だった，ということだ。

　オンライン講義だと，TA に話しかけているだけで皆に話しかけ
ていることになるから，通常のプレゼンテーションのように視線の
ローテーションは不要になるし，TA の表情でネットの向こう側の
反応がわかるから，しゃべっている内容がきちんと伝わっているこ
とも確認しながら進められる。まさに Teaching Assistant，それだ
けでアシスタント……TA の役割を十分に果たしてると思う，とい
うのは言い過ぎだろうか。

　TA がいないときは，ネット接続環境やプライバシ等に問題ない
学生から志願者を募るだけでも違うだろう。別の先生からは，受講

24：株式会社 Schoo が提供しているオンライン生放送授業。https://schoo.jp/で
　　受講できる。
25：一歩間違えるとパワハラになりかねないので要注意？

学生からひとりずつ順繰りに選んで,「今日の相づちさん」を指名しているという話も聞いた。学生との信頼関係が十分にできていれば,そのようなやり方も有効だろう。

4.6 講義と雑談

皆さん,わりと「オンライン講義動画を収録すると対面の講義より短くなる」とおっしゃるのだが,私の講義動画はさほど短くなっていない。なぜだろうと振り返ってみたところ,雑談やら脱線話,与太話まで律儀に収録しているからだということに気付いた。

ゆとりあるコンテンツの意義はどうか。雑談にもそれなりに教育効果があるのではなかろうか。

雑談の意義

昨日,あるオンライン講義(Zoom を用いたリアルタイム講義)で全体の感想を求めたところ,「雑談が楽しかった」だの「雑談を聞きにくるために参加してました」だの,ちょっとそれは教育のあり方としてどうなんだろう? という感想ばかりで困ってしまった。

まあ,「私はこの分野は得意なので教科書を読めばわかるような内容が中心でしたが,先生の雑談や体験談は目新しい話もあり知識の定着に役にたっていると思います」というような感想もあったので,少しは救われたかもしれない(図 4.4)。

いちおう,教科書の内容だけだと平凡な話一辺倒になってしまうので,体験談や雑談を踏まえて話に幅を持たせた,ということにしておこう。いくらなんでも雑談だけしてたわけじゃないし。

なお,話をしはじめると脱線しまくりでなかなか最後まで到達せ

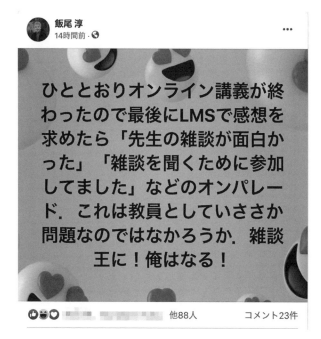

図 4.4　SNS への，とある投稿 (1)

ず，いつも，用意した資料の最後のほうは「時間が足りなくなりました。あとは読んどいてね」となってしまった点は猛省すべき点ではあるので，自分には反省と来期での改善を促したい。

「つかみ」は臨機応変に？

　講義ではないが，あるオンラインセミナーで，リモートから講師として参加するために，事前準備で接続チェックを行う機会があった。音声を確認したいそうで，「音声チェックしますからしばらくしゃべっててください」と告げられた。それを聞いて「ではここで

お笑いを一席」……までしゃべったものの，その後が続かない。小
咄（こばなし）のひとつくらい暗記していれば良かったなと思った次第である。

その話をSNSでこぼしたら，ある先生から，講義スタート前の調
整時間5分くらいで小咄してないの？　とツッコミをいただいた。
スタンダップコメディというか漫談みたいな話はよくするけれど，
いざ定型のお笑いをやれと問われると，「むむむッ」となってしまう。
どうにもならない。

あと，やはり白板がないとなんか落ち着かない。口下手なのを誤
魔化すために，故・ケーシー高峰師匠みたいな感じで，白板を使っ
た漫談になることが多い。オンラインだとペンタブとホワイトボー
ド使うのだろうか。しかし，それもなんだかなあという気はする。

オンライン講義は時代に逆行？

ところが，翻って，こちらの意見（図4.5），これには少し考えさ
せられた。こちらも，SNSへのとある書き込みである。

これは，はたしてどうなのだろうか？　この授業のやり方につい
て詳細がわからないので判断がつきかねるところもあるが，「Zoom

後期はどうなるかわかりませんが、対面授業withZOOM
についてZOOM録画するならわざわざ大学に来なくても
いいのではと学生から指摘されました。また、学生も教
室でパワーポイントを見るだけでPCを持ち込んでいたと
したら、そもそも教室にいるのは「顔を合わせるだけ」
になってしまうとの指摘を受けました。さて、今後はど
うなるのか私にもわかりません。実験についてもPC上で
シミュレーションはできてしまいます。どうなるのでし
ょう？

いいね！・返信する・13時間前

図 4.5　SNS への，とある投稿（2）

録画で事足りる授業なんだろうか？　たぶんそうではないのではないかな」と好意的に読み，これは学生の指摘が浅はかなのだろうと感じた。しかし，もし Zoom 録画だけで完結するような授業だったら，その学生の指摘にも一理ある。

　そういえば昔は延々と教科書を読み上げるだけの先生っていたな……などということを思い出し，「その時代に逆行してしまうのだろうか，まさかね」などと思いを馳せたのであった。

4.7　オンライン講義・収録のコツ

　本章の後半は，オンライン講義用動画を収録する際の Tips を少しずつ紹介していくことにしよう。

　まずは基本となる「ひとり Zoom ミーティング」[26] による動画撮影の技術である。マイクによっては音質に差が出ることがある点には注意されたい。本体内蔵マイクの利用がよいようである。

作成方法

　Zoom を起動してログインした画面で，「新規ミーティング」を選ぶ（左上のオレンジのアイコンをクリックする。ビデオはもちろんON にすること）。すると自分を写すカメラで動画が撮影されはじめて，自撮り画像のウィンドウが現れる。ここで，下の列にある右から3つめの「レコーディング」をクリックして，動画の記録を始めよう。ローカル（自分のパソコン）に保存するか，クラウドに保

26：Webex でも同様の操作で動画を作成することができる。その他のツールでもできるものはあるだろう。

存するかが問われる[27]が，とりあえずは自分のパソコンに保存するオプションを選べばよいだろう。

PowerPoint などの画面共有は，緑のアイコンで操作できる。直感的に操作できるので，すぐに慣れるはず。画面共有中は，自分の画面は小さなウィンドウに表示されるようになる。

収録の終了は，記録を止めて，右下の「ミーティングの終了」をクリックすれば OK だ。終了後，小さなウィンドウが表示され，「いま記録した動画を作ってるよ！」というプログレスバーが出てくる。少し待とう。

できあがった動画は，Zoom フォルダの下に作られるサブフォルダの中に，MP4 形式で置かれる。これを素材として，必要であれば[28]編集を加え，皆さんがお使いのLMSなどにアップロードして利用していただきたい。

収録環境

なお，収録環境は図 4.6 のような感じである[29]。これに Bluetooth でマウスを接続し操作するようにしていた。必要に応じて Bluetooth のキーボードを接続して使うこともあった。本体のキーボードやタッチパッドを操作すると，不要なノイズの元になってしまうので要注意である。

27：「クラウドに保存」機能は有償版のみで，無償版は使えないとのこと。

28：私は一切編集せず，出来上がりに不満があれば撮り直しするという作戦で通した。ただし，長すぎてアップロードできないという場合のみ，2つにコピーしたものをそれぞれQuickTimeを用いてトリミングし，分割する，ということだけは実施した。

29：ただし，これは初期の頃の収録環境である。その後，自宅からのテレワークに移行したため，自宅において部屋の隅っこで収録するという方針に転換した。

図 4.6　オンライン講義の収録環境

収録のコツ

　以上が基本の収録手順である。加えて，いくつかのコンテンツを収録したなかで習得したコツを紹介したい。

　オンライン講義用ビデオの収録は日中の明るい時間が望ましい。以下，準備の際に留意すべき点を挙げる。

- 研究室のホワイトボードを背景にして，ビデオ撮影環境を整える。ノート PC が撮影専用になってしまうので，Bluetoothで，マウス（必要があればキーボードやヘッドセット）を接続しておく
- 途中，通知が入ると気が散る。「通知オフ（ナイトモード/おやすみモードなど）」にしておく
- 研究室で撮影するときは，「立入禁止」の掲示を扉に示しておくとよい（図 4.7）

図 4.7 「撮影中，立入禁止！」

- Bluetooth ヘッドセットのマイクを使うと音声の品質がイマイチなので注意

撮影のコツ

撮影は以下の手順で行う。

1. Zoom を立ち上げ，会議をホストする。といっても参加者は自分だけ……

2. ヘッドセットの接続状況を確認する。Zoom の起動時に切れるケースがあるので注意のこと

3. 撮影中に画面共有する資料は，事前に起動して用意しておくこと。また，撮影に使わないアプリは終了させておくことが望ましい。メモリの負荷だけでなく，画面共有しようとしたときにウィンドウを円滑に選べるようになるから

4．準備が万全であることを確認したら，Zoom のレコーディングボタンを押す。すぐにしゃべり始めること

5．画面共有はレコーディングの後で落ち着いて行う。画面共有の状況からレコーディングしたいときは，Command ＋ Shift ＋ R（macOS の場合）でできるとのこと

撮影後の処理

　撮影終了後，Zoom のミーティング，といっても先ほど述べたように参加者は自分だけなので「ひとりミーティング」を終了すると，レコーディングされた動画が MP4 形式で保存される。保存場所は，デフォルトでは「書類」→「Zoom」以下に新たに作成されたディレクトリ（フォルダ）となる。必要に応じて LMS にアップロードし，ローカルのデータは削除しておこう。ディスクの肥やしとなり不要なので。

さまざまな留意点

　試行錯誤してみて気になったことを挙げておくので，参考にされたい。

- Bluetooth ヘッドセットと Bluetooth キーボードはしばしば接続が切れてしまうので注意。できれば有線接続がよい。ただし，ヘッドセットは有線だと動作が制限されるのでトレードオフの関係にある。音声の品質は有線に分がある。撮影環境が十分に静かならば，PC のマイクでもよいかも。Mac であれば，内蔵マイクを使うと声をきれいに録音できる
- ヘッドセットのイヤホン，インナーイヤータイプのイヤホンを両耳に入れてしまうと，自分の声がくぐもってしまってし

ゃべりにくいので，片耳は外しておいたほうがよい。片耳タイプのヘッドセット利用がよいかもしれない

- ホワイトボードは光の反射に注意。また，ホワイトボードマーカーは，インクがドバドバ出るタイプでくっきりはっきり書くこと。ライブ講義より気持ち大きめな文字で書かないと，カメラで拾いきれないので注意

- ホワイトボードで書いて説明するときは，画面共有をオフにするのを忘れずに。画面共有状態の小さな画面では，ホワイトボードに何が書かれているか判別不明

- ペンタブ等を用意できるのであれば，それを利用したほうがよい。デジタルのほうが，アナログなホワイトボードの映像データより，データ容量は抑えられるはず

4.8　自撮り撮影に関する工夫

　講義動画収録，撮影の工夫を説明したが，もう1点，補足しておきたい。講義で説明する際に教員の自撮り画像が必要になることもしばしばである。その際の注意点である。

　最近のノート型パソコンにはカメラが内蔵されているものが多いので，オンライン講義やテレカンなどで，その内蔵カメラを使って自撮りすることが多いだろう。しかし，そのまま使うと「下から見上げる顔」になり，どうしても不細工な顔に映って幻滅しがちである，ということは憶えておいたほうがよい（図 4.8）

図 4.8　下から見上げる顔は不細工に映る

下から見上げる顔は見栄えが悪い

　5年ほど前,「下から見上げるアングルで不細工に映っている女性が, カメラの位置を変えると『あら不思議』美人じゃないの！」という動画を撮影してSNSなどに投稿する遊びが, 韓国で流行ったのを憶えている皆さんはどのくらいいるだろうか。

　調べたら, 当時の記事として「【やってみて】カメラアングル 下→上の変貌ぶりがスゴすげえぇ！　ドヤ顔で自撮する若き女性たち」というネットの記事が残っていた。この記事の最後のほうで, 当時の動画がまとめられている。なかなか興味深い動画である。

　人間の顔は下から見上げるよりも真正面, あるいは, 若干, 上から見下ろす角度のほうが魅力的に見えるようだ。したがって, パソコンの画面上に付いているカメラをそのまま使うのは, 避けたほうがよいだろう。

台を使おう

ひとつの工夫は，パソコンそのものを台に載せる方法である。図4.6 に示すように，台を使ってカメラの位置を高くするようにすると具合がいい。

このとき，注意しなければならないのは，キーボードやポインティングデバイスが使いづらくなってしまうことである。この状態で本体のキーボードやマウス，タッチパッドなどを使うことはオススメしない。また，先に述べたように不要なノイズの元となるということもある。別途，外付けのマウスやキーボードを用意するほうがよい。

なお，カメラ位置は上からのほうがよいと説明したが，あまり上から見下ろす角度にすると，別の問題が発生する場合があるので要注意である。適切な角度を見つけるように工夫してみるべし。

4.9　ペンタブの効果

オンライン講義実施のために自腹で安めのペンタブを導入したら，たいへん便利だった。オンラインのライブ講義中，ホワイトボード代わりに利用するという方法も使い勝手は悪くないし，オンデマンド型動画コンテンツの収録でもとても便利に使えるということで，重宝している。

ペンタブの活用例

図4.9 の例は，LMS の課題で提出された，ある学生の質問に関してコメント欄で答えている様子である。テキストだけでくどくどと説明するより，よっぽど情報を伝えやすい。まるで，研究室に質問

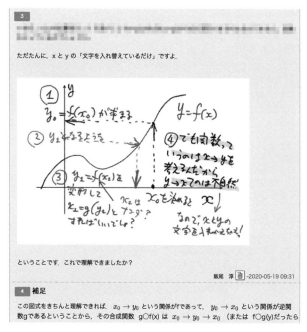

図 4.9　ペンタブの活用例（1）

に来た学生に対して，ホワイトボードの前で説明しながら回答しているような気分で説明できる。

図 4.10 は，また別のコンテンツを作成したときにペンタブを使い倒した例である。これはプログラミングのソースコードを解説するものだが，ノートに手書きで説明を書く気楽さで文字を書き込めており，その使い勝手の良さもわかろうものというものだ。

なお，Zoom や Webex などのオンラインミーティングシステムが提供するホワイトボード機能よりも，MS OneNote の画面を共有して，そこに落書きをするほうが使い勝手がよいということも学んだ

68

Hilbert curve programming
2020年5月11日 月曜日　12:33

n=0のとき、冒頭の ⎣⎦ が
描かれる。

次数

座標変換用の行列

n≠0のときは、自分自身(hilbert(…))
で処理を定義している(再帰的定義)

ヒルベルト曲線は、
n-1次の曲線が4つ集まり
n次のそれを描くということを
思い出しておこう。

```
function hilbert(n, m) {
  if (n > 0) {
    tm.forEach(mm => hilbert(n-1, mat_mul(m, mm)));
  } else {
    [ [0.25, 0.25], [0.25, 0.75], [0.75, 0.75], [0.75, 0.25] ]
      .map(p => affine_transform(m, p))          Ⓐ
      .map(p => [p[0]*cs.width, p[1]*cs.height])
      .forEach(p => ctx.lineTo(p[0],p[1]));       Ⓑ
  }
}
```
Ⓒ

map(f(x))という関数は、配列の各要素に引数のf(x)を
あてはめるという処理を行う。したがって、この処理は、
4つの点(0.25,0.25)(0.25,0.75)…に対して、再帰で求めた
座標変換行列 m によるアフィン変換を行い Ⓐ
キャンパス座標に変換し Ⓑ、最後に forEach で
それぞれの点を線でつなぐ(Ⓒ のlineTo)ということを
やっていることになる。

図4.10　ペンタブの活用例 (2)

図4.11　ペンタブの活用例 (3)

（図4.11）。MS OneNote の 1 ページに，あらかじめ座標軸を描いて
おいて，それを呼び出してそこに落書きする，というワザも憶えた。
まあ，バッドノウハウかもしれないが。

ペンタブのさらなる活用例

　また，採点されたレポートに赤を入れて返す，という作業もとても効率的にできた。Word の校閲機能でもよいのだが，そこは歴史ある校正記号でまっかっかにしたほうが視覚的にもインパクトがあり教育効果があるのではないかという期待もある[30]。校正記号に関しては演習でひととおり指導した。まあ，それほど難しいものでもない。

　なお，提出手段を指定しないと Word 文書で出したり PDF で出したりと学生は自由奔放にいろいろなファイル形式で提出してくるが，Word 文書は PDF に一括変換した。Pages や LibreOffice Writer などで提出した学生もいたので，それは個別に対応した。

　講義や演習の話題からは逸れるが，本の校正作業でもペンタブを導入した有難みを感じた。

　以前，プロの編集者から「やっぱり最後は紙でやらないと校正のミスが多い」という現場の声というか，実情を聞いたことがある。そのときは「そんなもんかなあ。まあ，そうだろうなあ」と思ったが，これはなんというか，不十分なデジタル化がそのような結果になっているのではないだろうか。

　ものすごく大雑把ながら，紙とペン，PDF（マウス操作），PDF ＋ペンタブ，という 3 つの環境について比較表を記してみた（図4.12）。

30：比べてみたわけではないので，あくまで主観だが……

	操作性	検索性	その他の利便性
紙に赤ペンで校正	◎	△	×
PDF をマウス等で校正	△	◎	◎
PDF＋液タブor ペンタブ	○	◎	◎

図 4.12　校正作業における環境の比較

操作性の比較

　まず，操作性についてである。これは間違いなく慣れている従来の紙と赤ペンに軍配が上がる。高解像度ディスプレイによってだいぶ追い付いたとはいえ紙の解像度はまだ優位性があるため細かい作業をそのまま（拡大せずに）できる点は紙とペンの利点であり，さらに，細かい作業から大きなマル付け（段落の移動など）まで，作業のダイナミックレンジも広い。「そのひと手間」が意外と精神的な負担になることは皆さん日々の作業で感じていることだろう。

　単純なデジタル化，PDF をマウスなどで操作するケースは，残念ながらここに大きな課題が残されている。表では甘く△を付けたが，ペケでも致し方ないかもしれない。この操作性の悪さ，そして小さなディスプレイだと一覧できないことによる校正漏れなどが，編集者氏が言っていた校正ミスに繋がっているのだろう。ここは，ペンタブないしは液タブの導入で大きく改善されるところである。かなり改善されるが，これで完璧！　というほどでもないので，◎ではなく○にしておいた。

　検索については，これは PDF に軍配が上がる。電子書籍等でも

同じことが指摘されているように，デジタルコンテンツは「検索できる」という大きなアドバンテージを持つ。この機能は，校正作業を受けて修正する作業において効果を発揮する。校正箇所を順番に検索して対応すればよいので，赤を入れられた箇所を「目を皿にして探す必要がない」。素晴らしい。

　その他の利便性に関してはいろいろあるが，大量の紙を郵便でやりとりする必要がないとか，作業の履歴管理をしやすいとか，デジタルならではの利便性は多数あるだろう。同じような校正作業の指摘はコピペで省力化できるということに気付いたのも目からウロコであった。この点は，明らかにデジタル化による意義を感じるところである。

留意点

　ただし，ペンタブ導入の効果を最大化するためには，いくつかの準備が必要だ。まず，モニタは大きく解像度の高いものを利用すべきだろう。私は MacBook Pro の 13″モニタだったので，若干，窮屈さを感じた。慣れというものは恐ろしいもので，これでもなんとかなっているのは我ながらすごいと思うが，やはり大きな画面のほうがミスは少なくなると思われる。

　もうひとつ，板書代わりには MS OneNote を使ったほうがよいと述べたように，PDFへ校正記号を書き込む作業も，ソフトウェアによって使い勝手が大きく左右される。PDF へのちょっとした書き込みであれば macOS 添付のプレビューでも問題ないが，手書きでコメントを書き込んだり，細やかな記号を書き込もうとすると，なかなかうまく書けずじれったい思いをする。一方，Adobe Acrobat Reader の添削機能は使い勝手がよい。ソフトウェアを選ぶことも

大切である。

　なお，iPad 等のタブレット端末は，表面の保護フィルムで書き心地が全く異なるらしい。ツルツルのシートではなくザラザラの保護フィルムを使うと紙のようなタッチで書けるとのこと。ただし，摩擦によるペン先の消耗が激しいので注意だそうだ。

4.10　動画に字幕を付ける

　オンライン講義動画を YouTube で配信する利点の 1 つに，字幕が自動生成される機能を利用できることがある。音声認識で自動的に作成されるので，手間いらずである。とはいえ，やはりいろいろ誤変換が目立つので，それを修正する方法を紹介しよう。

字幕修正の手順

　字幕修正の準備は以下の手順で行う。

1. まず「自分の動画」にアクセス，編集対象の動画を選ぶ
2. 動画画面の右下にある「…」メニューで，「翻訳を追加」を選択する
3. 動画の言語を設定，という画面が出てきたら「日本語」を選ぶ
4. 「字幕の管理」画面では，公開済み 日本語（自動）をクリックする
5. 「公開済み字幕の表示：日本語（自動）」という画面が出るはずなので，右上の「編集」ボタンをクリックする

　この手順を実施すると，字幕データを編集できる画面になる。あとは，ひとつひとつ編集していけばよい。

図 4.13　字幕の編集作業

　図 4.13 上の例だと，「論理集合希望という 11 回の話題に入ったい
と思います」というスクリプトが編集対象になっている。少し間違
っているので書き換えよう。

　「論理集合希望」を「論理・集合・記号」に，「入ったい」を「入
りたい」に書き換えた（図 4.13 下）。あとは，すべて編集したら，最
後に右上の青い「変更を保存」ボタンをクリックして保存すれば
OK である。

　このようにブラウザ上のエディタで編集することもできるし，デ
ータをいったんダウンロードして，自分がいつも使っている使い慣
れたテキストエディタで編集，修正したものをアップロードして直
すという方法もある。好みのやり方でやればよいだろう。

5章　課題もまだ多い

前章ではオンライン講義の利点に着目，あるいはメリットを引き出すための工夫について，いくつかの項目を説明した。しかし，オンライン講義もよい点ばかりではない。いや，これまでやってこなかった試みであるがゆえに，思ったとおりいかなかったり，効果がでなかったりということのほうが多かったかもしれない。

本質的には，評価の条件を揃えて成績評価し，オンライン講義と対面講義で学修の効率はどちらがよかったのか，それとも同等だったのか，きちんと比較しなければならないだろう。今回のドタバタのなかでも，実際にそのとおりの評価を実施した先生方はいらっしゃるようで，さすがとしか言いようがない。残念ながら私の場合は，例年どおりの試験をすることができず，そのような評価をすることができなかった。

本章では，オンライン講義を実施するにあたっていくつか問題となった軽微なトラブルや課題への対応についてまとめている。オンライン講義の大きな課題として「身体性」の問題があるが，それについては次章で議論する。

5.1　無音が怖い症候群

「大学の先生たちって挨拶させたら止まらなくなるなあ」と，昔からずっと思っていた。もう講義からしてずっとしゃべっているし，

結婚式に呼んで挨拶でもさせようものなら，いつまでたっても終わらないような長々と続く挨拶をする。結婚式の挨拶となんとかは，短いほうがいい，というのに。

　しかし，いざ自分がなってみると，その理由は痛いほどわかる。

手持ち無沙汰と感じるから

　なんでこのようなことを考えたかというと，先日実施したオンライン授業中，学生たちに作業をやらせている間，その時間が手持ち無沙汰でどうしようもなく，つい，「無音が怖い症候群」なるアイデアが頭に浮かんでしまったというわけである。

　課題などを与えて学生に作業をやらせるような状況は通常の講義でもよくある。学生の集中力を1時間半以上も維持させるのは並大抵のことではないから，適宜，30分おきに気分を変える作業をやらせるというのはしばしば行われる講義テクニックのひとつでもある。

　そのようなとき，教室だったら，作業している学生たちの間をぐるぐる回り，様子を伺ったり助言したり，あるいは軽口をたたいたりというようなことができるが，オンラインだとそうもいかない。ついつい，余計なおしゃべりで場をつなごうとしてしまうのだ。まさに，無音が怖い，という状況である。ラジオ局じゃあるまいし。放送事故？　そんな阿呆な。

　「君たち作業してる間は手持ち無沙汰だから，お茶飲んでくるねえ」などというわけにもいかないし。お腹が痛くなったなどでやむなくちょっとだけ中座することはあっても，すぐに戻るし。

　そこはもう開き直るしかないのかなあ。どうせ講義時間以外でたっぷり質問に答えたり，コメントへのフィードバックをやりとりしたりしているのだし，トータルでみれば相当のケアをしているはず

で，教員にも相当の負荷がかかっているはず。講義コマ中だからっ
て，最初からおしまいまで，ずっとかしこまっている必要はないよ
ね？

他の先生方はどうしてる？

　というようなことを SNS で愚痴ったら，「そんなの気にしないほ
うがいいよ」派がわりといたことに驚かされた。「私，コーヒー飲
みながら気楽に講義しているよ」「私もドリンク片手にオンライン
授業してるな」という意見が相次いだのである。

　なかでも驚いたのは，「私，この前，お腹が減ったのでラーメン
食べながら講義しました」というツワモノがいたことだ。さすがに
それはどうかと思うが。

　いずれにしても，このことがあってから，皆さんがわりと気楽に
対応しているということを知ったので，以前よりも肩の力を抜いて
オンライン講義に対応できるようになったかもしれない。今では私
も，ときおりはコーヒー片手にオンライン講義の端末に向かうよう
になった。

　オンライン講義スタイルのスタンダードが確立するまで，私たち
の試行錯誤は，まだまだ続くのだ。

5.2　オンライン QA どこまで丁寧に 対応するか問題

　図 5.1 を見ていただきたい。ある科目で，学生が提出したレポー
トの対応状況を示す LMS（manaba）の画面から一部を切り取った
ものである。

)5-17 4:21	[ログ]	-	-	2
)5-17 7:50	[ログ]	-	-	4
)5-17 6:09	[ログ]	-	-	3
)5-17 3:18	[ログ]	-	-	1
)5-09 6:19	[ログ]	-	-	1
)5-17):47	[ログ]	-	-	3
)5-13 3:25	[ログ]	-	-	1
)5-17):40	[ログ]	-	-	1
)5-14 3:03	[ログ]	-	-	1
)5-17):29	[ログ]	-	-	1
)5-10 3:13	[ログ]	-	-	2
)5-11 3:21	[ログ]	-	-	14
)5-17):28	[ログ]	-	-	1
)5-17 6:21	[ログ]	-	-	3

図 5.1　LMS におけるコメントの応酬

　右端の数字が何を意味しているかというと，レポート課題に添付されたコメントの数だ。その多くが「1」となっているのは，1. 学生から課題が提出され，2. それに私がコメントを1つ返して終了，というやり取りの結果である。平和な結果といえる。

　なお，アミカケのオビは，最後にコメントを書いたのが学生側であることを示している。「ありがとうございます」というような終わり方をしているケースでは，その返答はしていないので，オレンジ色のまま放置しているが，この仕様，どれに答えないといけないのかわからなくなるという点で，ちょっといただけない。

　注目してほしいのは，たまに3とか4とか，多いのでは14などという数字がある点である。2というのは，学生が「添付ファイル」をアップロードするためにコメント欄を使ったという状況が考えられるので，1の場合と大差はない。

なぜこんなことになるのか？

　14というコメント数をたたき出している学生の例は，質問と解説を何度も何度も繰り返した結果である。7往復したということになる。このような状況は（教員の負荷を考えなければ）悪いことではない。向学心に燃えてわからないことは質問する。学生のあるべき態度であろう。

　オンライン講義だからこそ，このような状況が発生しているようだ。例年の対面による講義であっても，熱心に質問にくる学生がいないことはなかった。しかし，オンライン講義になり，気軽に質問しやすくなったようで，質問を繰り返す学生の数は増えた。

　オンラインのため，こちらから伝える情報量も少ない，ということもあろう。学生の理解度を伺いながら講義する対面での講義と比

べると，動画配信型の非同期講義は，やはり不利な面があるのは否めない。その結果，質疑応答の頻度が増えることになったと考えるのは自然な帰結である。

どう対応すべきか？

受講学生が繰り返し繰り返し質問してくることは，こちらとしても喜ばしいことではある。指導のし甲斐があるというものでもある。しかし，有限な時間をいかに効率よく使うかという点では，うまく立ち回らないとたいへんなことになってしまう。

幸いにして全受講生が50名強であり，質問を重ねてくる学生もいまのところ数名なので，とりあえずは時間の許す限り丁寧に付き合ってみようかと腹をくくっている。ただ，この対応が，今後，高い評価を得てしまうと，ますます大変になりそうで，「どうしたもんかな？」と思わないでもない。

5.3　やりとりをどう終わらせるか問題

QA をどこまで丁寧にやるべきだろうかという問題から派生した課題として，どうやってそのやり取りを終わらせるべきか？　という議論も起こった。この議論については長年チャットでのコミュニケーションを行っており慣れているという方からグッド・プラクティスを教わった。その点についても触れておこう。

やり取りの終わらせ方は？

教員は，オンラインのやり取りとして，学生が提出した課題に対してコメントをして返しているわけだ。私たちが使っている LMS,

manaba の仕様として，学生が最後にコメントした，あるいは提出
直後のものは一覧表示の際に色付き（アミカケ）で表示されるため，
「あー彼ないし彼女には，こちらから対応せにゃいかんな」という
のがわかる（図 5.1）。これはとても便利なようにみえる反面，ちょ
っとした問題が顕在化した。

　一連のやりとりが終わって，学生が「わかりました。ありがとう
ございました」みたいなコメントを投稿したものに対しては，こち
らからコメントするのも妙で（下手に返すとさらに続いてしまう），
そのまま放ったらかしにしている。そうすると，誰に対応しなくて
はいけなくて，誰の対応はクローズで OK で，という区別がつかな
くなってしまう。さてどうしたものか？

やり取り終了のプロトコル

　「さてどうしたものでしょう？　どなたかよいお知恵を」と SNS
で聞いてみたところ，一般的なチャットの終わらせ方のプロトコル
がある，とご指導いただいた。曰く，ひとこと「これで解決（返信
無用）」と投げればよいとのこと。なるほどね。

　さっそく LMS のコースニュースで学生にアナウンスし，「もしま
だ質問や意見があるのにこのオシマイメッセージが送られてきたら，
遠慮なく『まだです』と主張しなさいよ」と指示した。

　その他にも「Good!」ボタンや「解決しました」ボタンというもの
が付いている manaba もあると聞いた。しかし，それらはどうもオ
プション扱いということらしい。これは付けてほしいなあと思うと
ころである。

5.4 他人の講義を聴講して考えた

　2020 年 4 月 24 日，25 日の 2 日間に，「オープンソース・カンファレンス 2020 オンライン」（OSC 2020 Online/Spring）というオンラインイベントが開催されていたので，仕事の合間にちらほらと聴講した。なにしろイベント会場に行かなくても参加できるという気安さもあり，また，全国から（全世界から？）参加できるということもあってそれなりの人数が参加しているようだ。

　そのセミナーを聴講していて，気付いた。「これって，オンライン講義を聴いてる学生と同じような立場だよね」と。

　ということで，オンライン講義の受講者になったつもりでセミナーを聴いていたら，いろいろと気付きがあった。オンライン講義を配信しようとしている，あるいは，配信しはじめた先生方は，ぜひ，このようなオンラインイベントに参加して，受講学生の立場になってオンライン講義を捉えてみるとよいのではないかと，お勧めする次第である。

気付いたこと

　Twitter などをパトロールしていると，オンライン講義に対する学生の温度差は様々で，「画面開きっぱなしにしてどう森（どうぶつの森）やってた」とか，フトドキなツイートもよく見る。一方で，好意的に捉えている学生もいないこともなく，とりあえず，教員側も学生側も新しい環境で混乱しているのだなということはわかる。

　まあ，それはそれとして，学生の立場（になったつもり）でオンラインのレクチャーを聴いてみて，下記のように，たくさんの気付

きがあった。

- 簡単に内職できちゃう（講師から見られてる感がない）
- 脱出するのに抵抗感がない（ポチるだけ！）
- 画面の文字が小さいと全く読めない（老眼だから？学生は大丈夫？）
- たんたんとしゃべられると，やっぱり「飽きる」（ごめんなさい）
- 一人暮らしではない場合，家族の目が気になる（気楽に発言できないこともある）

じゃあどうすればいい？

　以下，対処方法を考えてみたい。

　講義画面をずっと見ているのは苦痛で，内職できてしまうのは，まあ容認すべきかな，というところだろう。聴講者側のビデオをオンにして顔をさらしていても，なんとなく別のことをやってしまうのに全く抵抗がない[31]。並行作業できるのを逆手にとって，ググって調べてみせるとか，簡単な作業を並行してさせるとか，オンラインならではの使い方を考えたほうが前向きかもしれない。

　簡単に脱出できる！　……まあ，「ミーティングから退出」をクリックしたり，アプリを終了させるだけだからね。指先ひとつで脱出可能。教員の目を盗んで教室からこっそり抜け出すのに必要な度胸と比べたら，もう，簡単すぎる。これも，学生の学習意欲に期待するしかないのかな。画面の向こうでどうぶつの森やっててもわからないし。教室で居眠りしている学生と同じかと割り切るしかない

31：これは人によるのかもしれないが。

のだろうか。まあ，そういうことがないような魅力的な講義を提供すべし，ということか。

画面の文字は大きく。これは簡単なことだ。資料を提示するときは，画面の文字を大きくすることを，普通のプレゼン以上に心がければよい。オンライン講義の画面，全画面にしても，小さな文字は意外と見えない。ましてやスマホで視聴する学生をや[32]。

たんたんとしゃべるタイプのプレゼンテーションには，飽きた。申し訳ない。やはりそのスタイルはダメだということを身にしみて感じた。いろいろ工夫が必要だってことを身を持って感じた。疑問を感じている皆さんは，ぜひ，体験してみるべき。私が悪かった。皆さん，工夫しましょう。

家族の目。これは意外な盲点だった。基本的に家族がいる部屋とは違う部屋で視聴，参加していたのだけれど，壁の向こうから家族の声がする。ということはこちらの声も筒抜けということだ。それを意識してしまったら，不用意な発言はできないと思って身構えてしまった。これは，図々しいオッサンじゃない学生には，もっと抵抗感ありそう。チャットで意見するとか，他の手段を提供してあげることが重要なのかもしれない。

オンライン講義を考えている先生方は，自分自身でオンライン講義を受講してみると，いろいろと気付きがあるかもしれない。ぜひ，体験してみることをオススメする。

32：スマホなんかで講義画像を視聴すんなよ！　と心から思うけれど，そうもいかないらしい。

5.5　オンラインと対面の併用は難しい

　オンラインはオンラインの良さがあり，対面授業は対面授業の良
さがある。しかし，混在させると，通学時間や通信環境をどうす
る？　などの問題もあり，これはという解決策が見つからない状況
で，皆さん，頭を悩ましているのだろう。

　苦肉の策としてオンラインと対面の併用を認めるかどうかという
議論もあると聞いているが，これまでの私の経験からすると，オン
ラインと対面の併用は状況次第で大きく異るのでいささか注意が必
要だ。

大人数の講義をオンライン・対面併用するケース

　まず，大人数が受講するような講義をオンラインと対面で併用す
るケース。これは，少し難しい。2012年から，広島市立大学と広島
修道大学の合同講義に参加している（飯尾ほか，2012）。その際の
経験をご紹介したい。

　それぞれ数十人が参加している講義のため（多い年は，片方が
100人を超えることもある），2つの教室を遠隔通信装置で結んでの
講義を実施した。どちらを生講義としてどちらから配信するかは，
不公平がないように，回ごとに，市大から配信したり，修大から配
信したりと混在させた。それはまあ，そうだろう。

　問題は，2つある。ひとつはテクニカルな問題。この講義はオム
ニバスで実施し，配信に慣れていない先生もいるため，技術スタッ
フが付いた。具体的には，両大学で担当される先生とTAが複数配
置し，配信に関するいろいろな対応はすべて担当してもらった。撮

影も TA にお願いした。この問題は，昨今のオンライン配信の普及で，多少は改善されたかもしれない。オンライン講義に苦労された大学教員の皆さんは，いろいろとノウハウがたまったことに違いない。

　ところが，もう一つの問題が少しやっかいで，それは何かというと，話者の意識が，どうしても対面の学生に集中してしまい，遠隔の配信で聞いている学生たちに向かないということだ。私も慣れるまでは，ついつい遠隔の学生を置いてきぼりにしてしまった。これは併用するがゆえの問題だろう。遠隔だけであれば，カメラに意識を集中させていればよいのだから。

　この問題は意外と知られていないので，これから，遠隔と対面を併用しようとする先生方に対しては「ご注意あれ」と指摘しておきたい。目の前にいる学生たちと遠隔の学生たちに同時に気を配るのは，なかなか難しい。これは，やってみるとわかるが，やってみないとなかなかわからない。

ゼミなど少人数のケース

　こちらは比較的簡単かもしれない。オフラインの会議にどうしても参加できないので部分的にオンライン参加する，などというケースは，コロナ禍以前から行われていた。そのような会議の運営方法をそのまま援用すればよさそうだ。

　実際に少人数教育で併用して実施した経験がないのでこれ以上はなんとも言えないが，まあ，できることなら併用とせずに，オンラインならオンライン，対面なら対面としたほうが，いろいろとトラブルも少なく安全だろうということは容易に想像はつく。それでも併用しなければならないという判断を強いられたときには，十分に考え，検討を加えたうえで実行していただきたいところである。

5.6　（ΦωΦ）の乱入問題

　在宅のオンライン講義に関して，ネコが侵入してくる問題が顕在化した。

　「いま講義中だからね（テレビ会議中だからね）。静かにおとなしくしててね」といっても彼らには通じない。ナァナァとうるさいので，とうとう先日は，「ちょっとネコどもがうるさいから外に出してくる」と講義を中断することになってしまった。写真みたいにおとなしくしていてくれれば良いんだけれど（図 5.2）。困ったもんだニャア。

　わが家には 2 匹のネコがいるが，せめてリアルタイムのオンライン講義中は，二人仲良く寝ててほしいよ。ベランダで日向ぼっこでも可（図 5.3）。

図 5.2　膝の上でおとなしくしているネコ　　図 5.3　二人（二匹）なかよくベランダで日向ぼっこ

テレワークの性（さが）と諦めよ

しかし意外にも，このネコの乱入問題については好意的に解釈されることが多いことがわかった。

オンデマンド型の動画コンテンツ配信方式で実施していた講義でも，提出された課題に「先生，ネコ飼っているんですか？」というコメントが付与されていたことがあった。「はて，ネコの話なんてしたっけかな」と確認してみたところ，「コンテンツのバックグラウンドでネコちゃんが鳴いてる声が入っていました」とのこと。気付かなかったがどうやら収録している部屋の壁を隔てた向こう側で，ナアナアと鳴いていた声が紛れ込んでいたらしい。

オンライン講義に限らず，その他にも，テレワークのオンライン会議でネコが乱入する問題は，世界中で発生しているらしい。それに対して，世の中の傾向は，ネコを参加させるべきという声のほうが大きいようである。ネコに対して優しい世界。

ネコに限らず，子どもが乱入してきたケースなどもよく聞く。あるいは宅配のお届けがやってくるとか。これらのハプニングはもう，テレワークでオンライン生活をしている以上，どうしようもない。広い心で対応し，受け入れる方向で対処するというやり方がお互いに気楽でよいのだろう。

5.7　使いにくいツールの課題

Google classroom をお使いの先生方から「テストを一斉配信したら，一部が違う科目の受講生のところに送信されてしまった」とか「あまつさえ回答済みの答案が別の学生のところに送られてしまった」との報告があった。あってはならない事故に聞こえるが，同様

の事例は他の大学でもあったらしい。これは少し，いや，かなりの問題ではなかろうか。なお，報告者からは「ヒューマンエラーではない」という報告が上がっている。

　はたして，何が原因でこのようなことが起きてしまったのか？

システム内部のバグ説

　システムにバグ（不具合）があり，正しく設定しているにもかかわらず，この事故が起こってしまった。利用者側には何の問題もない，という可能性。さすがにこれはなさそうだけれど，もしそうだとしたら由々しき事態だ。ちょっと怖くて Google classroom なんて使えない。

　しかし，Google では 2 週間のドッグフーディング期間（自分たちで使ってみる期間）を置かないと自社サービスをリリースしないというルールだと聞いたことがある。それに，まがりなりにも大企業が世界的にサービスを展開しようというプロダクトで，こんな初歩的なバグが入り込むようなテスト体制をとっているだろうか？

　このような理由から，システム内部のバグ説は（多少 IT 業界への贔屓目が入っているかもしれないが）考えにくいところではある。

設定あるいは登録ミス説

　システム的に問題がないとすれば，次に考えられるのは，設定や登録にミスがあったということだ。経験上，これは十分にありえそうな原因と考えられる。

　だからといって，設定した教員や職員，あるいは，自己登録した学生を責めるのも間違い。間違って設定したり，間違って登録したりしてしまうことは，これも本来あってはいけないことで，そのよ

うなミスを誘発する登録手順やユーザインタフェースに問題がある
と考えるべきである。

　ドッグフーディングには，ユーザ層にズレが生じることがあると
いう課題がある。すなわち，IT リテラシの高い IT 企業社員と，IT
リテラシに幅のある教員あるいは学生といった実ユーザには，そも
そもシステムに対する心構えや背景知識が異なるという点である。
ドッグフーディングで十分うまく使えたからといって，実ユーザが
きちんと使えるとは限らない。

　Google classroom に限らず，学習支援システム（Learning
Management System, LMS）は，どのシステムも「あれもできる，
これもできる」を狙いすぎて複雑怪奇なインタフェースになりがち
という問題を抱えている。IT リテラシの高い人であれば十分に対
応できるが，そうでない人にとっては目眩がするようなインタフェ
ースである。ミスが入り込む余地は多い。実際，私が使っている
LMS でも，間違えることがときどきある。

私たちはどうすべきか？

　設定ミスや登録ミスを誘発しないようなシステムを設計するには，
実ユーザに近いグループを用意してユーザテストを念入りにやれば
よいのだが，このようなシステムで十分なユーザテストをやるのは
かなりコストがかかりそうという問題がある。

　この議論をしていたら，Google のヘルプには不具合や追加機能要
求の報告方法についての記述があるので，まずはサービスの提供を
して，万一問題があれば，ユーザーの報告に応じて対応しているの
ではないか？　との指摘をいただいた。昨今の IT サービス提供に
関しては，ありがちな対応ではある。しかし，万一の問題だったと

しても，今回問題になっているような問題はいささか看過できない
レベルのものであり，これを「起きてから対応」と考えるようなサ
ービス提供方針は，それはそれで批判されるべきではなかろうか？

いずれにしても，とにかく今回の事故に関しては原因の究明が待
たれるところではある。その後の報告に注目したいところだが，あ
いにくまだ報告は上がっていないようだ。ヒューマンエラーだろう
なあとは思うのだが。

図 5.4　Google classroom の画面

5.8　試験実施のためのヒント

2020 年，前期のオンライン講義のドタバタは，成績評価をどうす

るべきかという議論で幕を閉じた。私はもう真っ先に白旗を上げて
しまいオンラインによる試験実施は諦めてしまった。本当に情けな
い限りで，オンラインでの試験に挑戦された先生方には頭が下がる
ばかりである。

ところで，オンラインでの試験実施は，これまでの対面による試
験実施と異なりいろいろと考慮しなければならないことがある。主
に不正受験をどうするかという観点なのが後ろ向きではあるが，公
正な成績評価を担保するためには致し方ない。私個人としては，今
後，オンラインで試験をしなければならなくなったときに備えて今
から準備をしていこうと考えているが，以前，Stanford 大学の
MOOCs[33] のコースを受けたときに「よく考えられているなあ」と
感心したので，ここで紹介しておこう。

オンライン試験の課題

ところで，オンライン試験で問題になる不正行為には何があるだ
ろうか。まずはそれを整理してみよう。

1. 替え玉受験。カメラで監視しながらという解決策が考えら
   れているが，少人数ならいざしらず，大人数の試験ではなか
   なかたいへんだろう

2. 持ち込み不可の試験での情報源の参照（アナログ版）。カ
   メラで監視したとしても，画角の外に参考書など置かれては
   対応できない。試験環境そのものを監視するという対策が考
   えられている

33：MOOCs とは，Massive Open Online Courses のことで，オンラインで公開
されている大学の講義のことである。終了すると，いくらかのお金を払えば単
位が認定されるようなものもある。

3．同，情報源の参照（デジタル版）。マルチウィンドウ，マルチ画面で他の情報を参照するケース。これも画面共有で対応することが考えられる。しかし，サブウィンドウなどいくらでも抜け道はありそう

4．受験生同士による相談。他のコミュニケーションツールを用いて解答を相談しながら作成するというパターン。試験環境そのものの監視で対応できるが，やはり，監視はなかなかたいへんに違いない

　かように，オンラインで試験を実施しようとするために解決しなければならない課題は，山積しているのである。

課題への対策

　上記で述べた対策以外にも，たとえば2.〜4.に対しては，短い時間に多数の問題を出すという方法により他の情報源を参照している余裕を与えない，あるいは，受験生同士が相談している時間を与えない，という対策も聞いた。

　さらには，多数の問題を用意しておき，その問題プールからランダムに選択して個別の問題を出すという方法も有効そうではある。しかし，これに関しては多数の問題を作成して準備しておく手間をどうするかという切実な問題もある。

　さあ，どうしたものか。

よくできたMOOCからのヒント

　以前，学生が「機械学習のMOOCを受けたいのですが自分ひとりでは完遂する自信がないので皆でやりたい」というので，院生も巻き込んで一緒に体験したことがある。そのとき，よくできてるな

あといくつか感心したことがあった。もっとも，かのMOOCはそうとう金をかけて作られているそうで，そのまま真似でき（そうに）ない点はあらかじめお断りしておく。

本人確認の方法：まず，本人確認について。本人確認は重要なポイントで，そのMOOCでは，達成度テストの直前に必ず本人認証を行っていた。その方法は，タイピングのクセを使ったものである。30～50words程度の文章をタイピングさせて，そのタイピングのタイミングで本人を認証するというものであった。もちろん，最初の登録時にタイピングのクセを登録する手順が用意されている。

　なお，コースが進むとタイピングは省略され，パスワード入力だけになった。ある程度まで進んだところで，より簡便な方法にするというのは，参加者に対するコストや信頼関係を考慮すると妥当な方法であろう。途中まで本人が頑張って学修して，そこから先は替え玉が受講するということも考えにくい。合理的な判断といえる。

理解度確認の方法：理解度の確認は，単元の終わりに小テストを行うというやり方で行っていた。4択の問題が5問提示され，そのうち4問（80％）に正解すればパスするというものだ。その問題は，ランダムに出題される。とはいえ必ず違う問題が出てくるというものでもなく，問題プールの大きさはそれほど大きくないように感じた。まあ，そのあたりは理論的なバックグラウンドがあるのかもしれない。1問，2問くらいなら同じ問題が出てきてもよいのだろう。かえってそのほうが理解を促進するのかも？

　さらにそのMOOCがユニークだったのは，ソースコードの穴埋め問題が提示されていたことだ。プログラムの一部（数行）が空欄になっており，その部分をコーディングして埋めよというタイプの問題である。

　プログラミングの穴埋めを終えると，その問題自身をサーバに提出，テストデータを用いて検算が行われ，正解かどうかが判断される。ロジックが正しいかどうかが判断されるので，コーディングの質は問われない（といっても，単純な穴埋めなので，ほぼ同じようなコードになるはずである）。Octave というプログラミング環境にライブラリが追加され，サーバへ提出して検算するところまで，自動化されていた。この工夫は，IT の科目ならではだなあと，ずいぶん感心したことを憶えている。

5.9　オンライン試験の工夫・課題の処理と CSCW

　オンラインで試験をどう実施するか。なかなか頭の痛い話題である。前期は各大学でそれぞれの先生方がさまざまな工夫をこらしてやっていたようだったが，コレで完璧というような解は報告されなかったように思う。

　幸にして，2020 年度の後期，私は演習科目とプログラミングの講義のみの担当だったため，試験については悩む必要がなかった。それでも，成績評価とは別にプログラミングの講義では試験相当の実力テストをしてみようということになった[34]。

実力をどう評価するか
　さて，オンラインで試験をどう実施しようか？　と考えた末に，

34：成績は，最終的にプログラム作品の提出を求めており，それで評価する約束になっていた。

全部で60問という大量の小問にどれだけ対応できるかを問うことにした。ネットを参照することは問題なし，というかどんどん調べなさいというスタンスをとる。チートではなく，どうせ実際にプログラミングするときはネットで調べながらやるのだから，かえってそのほうが能力を測ることになるだろうという判断である。いまの時代，すべて頭のなかにあることを求める必要はありやなしや？

　もちろん，基本的なところをいちいち調べながらやっていたら時間がいくらあっても足りないので，基本的なスキルがきちんと身についている学生であれば，検索に頼らずとも解答できるはず。そしてそれでなければ最後まで到達できないという問題数と時間設定である。

　実際に自分でテストしてみたところ，100分の時間内に全問解答するのはなかなかしんどくて，出題者でありながらギリギリという状況だった。実際に学生が試した結果は，できる学生で4割程度の解答というところであった。まあ，力試しとしてはこんなものかな。

課題のフィードバックとCSCW

　ところで，課題のフィードバックについては，少し興味深い話がある。

　SNSでの議論をみていたら，ある先生から，英語教育において，英作文の添削の有無が学生の英語力伸長に寄与するかという著名な研究があること，そして，その研究では添削の有無は英語力の強化には関係ないと結論付けているということを教えていただいた。さらに，議論が進むなかで別の先生から，そもそもフィードバック研究という研究領域があることも教えていただいた。世の中，なんでも研究対象になるのだなあという小並感のみならず，学生の課題提

出にどう答えていくかに悩んでいる身としては，いろいろ考えさせられる話題ではある。

学生の声にどう応えるか

　2020年度のこのオンライン講義化が加速した状況において，「オンラインで講義を行うことはよいが，課題を与えてきちんと対応すること」という文科省の指導に右往左往した先生方は多いことであろう。私もその一人である。根がマジメなものだから，100人の履修生がいる講義で学生に課した課題に逐一フィードバックを返していたので，もう，疲労困憊といった状況になってしまった。来年も同様の状況になるとしたら，少し，やり方を考えねばならないなと思った次第である。

　そもそもその論文を読んでいないので，冒頭の，フィードバックは関係ない，という指摘がどういう状況なのかはわからない。おそらく「英作文の添削」と「英語力」という文脈にかなり依存するのではないか？　と推測するしかないが，あらゆる状況においてフィードバックが無駄，というわけではなかろう。その他の先生方の指摘から考えても，それぞれ状況や学生のレベル，あるいは，積極性や講義内容への興味度合いなど，すべてを十把一絡げにして論じるのはいささか乱暴である。文脈を踏まえて論ずるべきだ。

　とはいえ，いずれにしても，課題をどう与えるか，それに対してどう応えるか，現状，私たち大学教員に突きつけられている問題のひとつである。

CSCW という見方

　ところで，今回のオンライン化で疲労困憊した原因のひとつに，

丁寧に課題提出にフィードバックしていたら何度も何度もやり取り
が続いてキリがなかったという学生が何名かいた点も含まれる。も
ちろん，これは学生にとっては意義があるはずだろうし[35]，教員側
のリソースとして対応可能なレベルであれば，丁寧な対応を心がけ
るのはやぶさかではない。

　一方で，オンライン化の問題点として「学生同士の交流が少な
い」という点も指摘されている。私の反省点もそこにある。学生↔
教員というチャネルは履修学生の数ぶん存在したが，学生間のチャ
ネルがなかったために，結節点である教員に負担が集中したという
図式である。

　その反省を活かして，後期は，LMSの使い方として掲示板の活用
を積極的に行った。課題のフィードバックも，あえて掲示板に向け
ることで，学生同士の解決を促したわけだ。

　CSCW という概念がある。Computer Supported Collaborative
Work（コンピュータ支援協調作業）である。この分野も歴史は古く，
これまでさまざまなアイデアが提案されてきた。オンラインでの学
修はこの CSCW の多様な成果を応用できないだろうか。個々の学
生と教員という構図だけでなく，学生同士のインタラクションも巻
き込んだ CSCW の環境を上手に作ることができれば，教員の負担
を軽減しつつ，学修効果を挙げるということも可能なのではないか
と期待するところである。

35：問題解決まで丁寧に付き合っているのだから，フィードバックの効果が無い
　　はずがない。

学生同士の学び合いを促すには

　「課題に対するフィードバックをしっかりせよ」とのお達しを真面目に守ろうとすると，教員の負担は相当に高まってしまう。教員が疲労困憊してつぶれてしまっては元も子もない。本末転倒である。

　ここまで述べてきたように課題に対するフィードバックは丁寧にできればそれに越したことはないと心がけている。そのうえで，教員の負荷を軽減するにはどうするか。そのための手段のひとつとして，学生同士の学び合いを鼓舞して相互学修を支援することを考えた。その一つが前述の掲示板利用である。

　課題の提出とともに質問をしてくる学生は多い。しかし，それに直接答えて片付けると，いつまでも1対nの関係が続く。1である教員は時間もとられるし献身的な対応を迫られる。そのため，質問は掲示板に誘導することで，n対nの対応によって相互解決を図るように，少しでも移ってくれればよいと考えたわけだ。

　9章で述べるように，もともとオンライン・対面併用を余儀なくされたために考えた掲示板の活用ではあるが，オンラインであろうが対面であろうが，掲示板を活用して学生の疑問を解決するというアイデアは悪くはない。対面の教室では1-2-4-all メソッド（9.4 参照）で似たような解決が図られているので，非同期型のオンライン講義（オンデマンド講義）であっても類似の議論はあってしかるべきだろうし，それ以外のスタイルでも「使えるものは何でも使う」という貪欲な姿勢が重要であろう。

　掲示板活用は，そこそこ，うまくいったという感触がある。毎日，朝起きたらチェックして，新しい質問が出ていたら，少し，議論を促すような投稿をするだけで十分であった。その程度であれば習慣付けてしまえばなんということはない。

6章　オンラインは対面の代替たりえるか

　ここまで，オンライン講義の利点と課題について，雑多な視点からいろいろと見てきた。他にも，学生視点で考えると収録型のオンライン講義は何度も繰り返して視聴できるとか，自分のペースに合わせて学修できるとか，そのようなメリットが報告されているし，課題に関しても，未解決の問題は多数，残されているだろう。

　課題に関しては，前章で議論せず残しておいた大きな問題が存在する。それは，コミュニケーションの本質に関わる問題である。本章では，「顔」や「身体性」というキーワードを中心として，議論を進める。オンライン講義が対面講義を置き換えることが本質的に可能なのかどうかについて，考えてみよう。

6.1　オンライン講義の問題点

　私はオンライン講義は消極的賛成派であり「今回は緊急避難として致し方なし，しかし，今後，全面オンライン移行はどうなの？」という立場をとる。まあ，オンライン化できない演習や実習の意義を認めている皆さんは多いはずで，完全オンラインだと通信制の大学と何が違うのという話になってしまう。したがって，全面オンライン移行は極論であるとしても，「オンライン講義万歳」も，ちょっと違うのではと考えている。

　そのようなわけなので，オンライン講義推進派の皆様は少し割り

引いて読んでいただきたいところではあるが，オンライン講義の致命的な問題点に気付いた。

顔が見えないオンライン講義

　オンライン講義の最大の問題点は，受講学生の顔が見えないという点である。理解できているか否かを顔色から伺うというレベルではなく，受講者の顔と名前が一致しないので，個人として識別不可能という根本的な問題なのだ。

　もちろん，対面の講義であっても，50人，100人が受講するような中規模，大規模講義であれば，全員の名前と顔を一致させるのは，ほぼ，不可能である。しかし，対面の講義であれば，印象に残る学生は何人も出てくる。とくに私は，対面の講義においては学生が座っている机の間をウロウロしながら講義するスタイルをとっていたので，受講票に書かれた名前と顔を見比べて，できるだけ学生の顔と名前を憶えるような努力[36] をしてきた。オンライン講義ではそれもかなわず，どうしたものかというところである。

　とにかく，もともと他人の名前を憶えるのが得意ではない私，今年の1年生にいたっては，ほぼ壊滅的である。なぜか，それは1回も会っていないから。当たり前の話である。

　ほとんど個別指導のような状況に陥った[37] ので，「手がかかったなー」という印象に残った学生は何名かおり，彼ら彼女らの名前は，頭に残っている。しかし，それが誰なのかわからない。

36：それでも，なかなか憶えきらないという状況で，これはもう個人の資質の問題としてどうしようもないと諦めてはいるのだが。

37：それはそれでかなり大変だったという問題もあり，それについてはまた別途，考える必要があろう。

ゼミ生選考に影響が？

　私の所属している学部では比較的早い段階の2年生の後期からゼミ配属になるので，2年生のゼミ配属は夏休み前に終わった。その際の顛末はさておくとして，やはり，学生生活後半の長い付き合いになるので，教員と学生の相性問題は十分に考える必要があろうという議論になったことについて，異論を差し挟む余地はなかろう。まあ，人間的な相性はともかく，学問的な興味や指向，本人の学修状況など，学生側も不安は多かろうが，教員としても不安になる要素は多い。

　そのような状況において，1年次，および，2年次の前期において（今年は2年次前期はオンラインになってしまい，対面はなかったわけだが），さまざまな講義や大学のイベントにおいて学生の顔が見えていた点は，少なくとも私にとってはたいへん大きかった。

　オンライン化は講義の実施方法を考えねばならないだけではなく，学生生活に幅広い影響を与えるということにも十分に気を配らねばならないのである。

学生の意見

　本項に関連して，学生側の意見ということで，中央大学文学部社会情報学専攻のウェブサイトに興味深い報告が寄せられていた。ここではその概略を紹介しておこう。題して「オンライン授業で良かったこと，困ったこと」。学生の報告である。

- わからないことを質問しやすい。たくさんある課題に自宅で一人取り組むのは辛いことも
- 自由に使える時間を有効活用。学びを共有し合う友人の存在を実感

- 授業は普段と変わらず，通学の時間を自由時間や課題の時間に。対面授業の方がスムーズに学習できることを実感
- 卒論のテーマを変えるきっかけに。友人との学生生活がなくなったのはとても残念

学生による意見のタイトルだけ列挙する。内容の詳細は上記サイトを参照されたい。

6.2　オンライン授業は教育格差を拡大するか

　大学におけるオンライン講義の本質的な課題を議論する前に，初等中等教育まで含めた教育全般に関するオンライン授業の影響について触れておこう。

　この話題に関しては，The Economist の「The pandemic is wid-ening educational inequality（パンデミックは教育の不平等を拡大する）」という記事（The Economist, 2020）がたいへん興味深い。「貧困層に属する多くの生徒にとっては，オンライン授業は対面授業のチープな代替にしかならない」という記事である。

記事の要約

　比較的やさしい英語で書かれているし，それほど長い記事でもないので，ぜひ，原文で読んでみていただきたい。三行でまとめると，次のような内容である。
- COVID-19 の影響で学校がのきなみオンライン化した
- 貧困家庭ではオンライン授業に満足に対応できていない
- そのため学力格差が拡大した

「まあ，そうだろうね」という記事ではある。しかし，よく読むと

いろいろと示唆的な指摘が書かれていることに気付く。

大学のオンライン化にも参考に？

　記事は初等中等教育を対象としている記事のため，大学のオンライン講義には「直接には」関係ないかもしれないが，大学のオンライン講義化を議論するうえでも，本記事で指摘されている事項を考えることは無意味ではあるまい。なにしろ大学での学びは小中高での学びの延長線上にあるのだから。

　なかでも，この記事で指摘されている教育格差を拡大する要因のひとつに，裕福な家庭では親御さんが「自学による勉強の仕方を知っているから」という点を挙げていることは見逃せない。ネットに接続する環境がないなら，学校がルータやパソコンを貸し出せばよい，などという単純な話ではないということをしっかりと理解しておかねばなるまい。

　このことは，そのまま大学でのオンライン講義のあり方にも当てはまりそうだ。すなわち，レベルの高い大学の学生は教員が想定するオンライン講義に素直に対応できる可能性がおそらくは高い。その一方で，そうではない大学では，提供側の想定範囲を越えたさまざまな配慮が求められるだろうということが想像できる。いや，大学全入時代の昨今，大半の大学は何らかのケアを行うべきで，放っといてもなんとかなるのは一部のトップ校だけかもしれない。

オンライン講義 vs 対面講義

　もうひとつ，海外の記事を紹介する。Miranda Cyr による Online vs. In-Person Classes という記事が College Times に寄せられていた（Cyr, 2020）。オンライン講義と対面講義の是非について，コン

パクトによくまとまっていた。この記事で指摘している論点は以下の５つ。それぞれ，私見を交えて，整理してみよう。

In-person is more active and involved（**対面授業はより活発で積極的である**）：In-person class とは対面授業のことである。本記事で彼女は，対面の授業はオンラインより積極的な授業参加になると指摘する。オンライン講義では，簡単に脱落してしまうというのだ。それはそうかもしれない。なにしろリモートで離れている以上，学生や生徒は自律的に学ばないといけない。

Online allows learning at any pace（**オンライン学習は自由なペース配分を許容する**）：一方，オンライン講義のよさは，自分の好きなペースで学修を進めることができる利点があるところである。自分を律して自分のペースで勉強できる能力があるのであれば，集団でまとまって学ぶ対面授業よりはフレキシブルに学ぶことができるという利点がある。

In-person connects students to the professor（**対面授業は学生と教員を近くする**）：これも重要なポイントだろう。対面授業は教員と学生の距離を近くする。オンラインは，物理的に離れているという以上に，精神的な距離も縮めることが難しい。やはり，コミュニケーションのバンド幅に関する問題が，この点に影を落としている。

Online offers schedule flexibility（**オンラインはスケジュールの自由を与える**）：上で「自分のペースで学ぶことができる」と指摘している点と同じような指摘だが，オンライン講義であればスケジュールにも自由度を高めることができる。オンデマンド型であればなおさらである。しかし，これも諸刃の剣であって，このメリットを享受するためには，ある程度，自分を律する強さを求められるであろう。

Online allows students to work（オンラインは勤労学生を受け入れる）：最後に指摘していいるのは，オンライン講義は仕事と両立できるという点である。これも重要な指摘であろう。とくに日本においてはこれから少子化傾向がますます強まり，18歳人口は減少の一途をたどる。各大学は学生確保をどうするかという課題を突きつけられている。オンライン講義で社会人に向けた教育を展開するというのはひとつの有望な解である。社会人であれば，自分を律して学修を進めることも，ある程度は可能となるだろう。

6.3　オンライン講義における味気なさ

　オンライン講義の対応で右往左往していた2020年6月のある日，某オンライン研修サービスの収録があり，カメラの前で2時間ほどしゃべる機会があった。オンライン講義の実施で，カメラの前でしゃべる機会は突然増えたとはいえ，ちゃんとした収録は久しぶりだったので緊張してしまった。そのため，ときどき，細かな失敗を積み重ねたのはいささか恥ずかしいことではある。しかし，おおむね楽しく収録を終えることができた。

　一方で，やはり，オンライン講義に対する不安の声をたくさん聞く。実際に私も自宅から配信するオンライン講義には味気なさを感じることも多い。この差はなんなのか？　あらためて考えてみた。

自分の声が伝わっているか問題

　学生の顔出しNGのオンライン講義での最大の問題点は，やはり，こちらの情報発信がきちんと伝わっているのかどうかわからない，あるいは，不安がある，という点だろう。一人二人でも顔出しして

くれれば，反応がわかるのでずいぶん気持ちが楽になる。それは以前に指摘したこともあるし，他の先生方からは「相づち君」といって相槌を打つ係を決めるなどの工夫をされているというご指摘もあった（「4.5 オンライン講義をやりやすくするサクラたち」参照）。

　オンラインミーティングシステムの最大の課題はそれかもしれない。音響環境の問題からミュートにすることを求められる状況も多かろう。そうすると「なんかしゃべってるみたいですけどミュートになってますよ」問題が発生する。外的な騒音がなければ本来はミュートは必要ないはずで，原理的には内部で出力キャンセルの回路が入っていればハウリングは起こらないはずだが，現実にはいろいろと難しいところもあろう。いずれにしても，ミュート問題で「自分の声が届いていない」という体験をさせられている以上は，それなりに不信感を抱かされるのはやむを得まい。

収録を意識した講義動画と講義を（たんに）収録した動画は違う問題

　ところが，録画コンテンツの収録だと自信を持って話をすることができる。プロによる収録だけでなく，自宅で，自前で動画コンテンツを作成するときでも心理的な障壁は変わらない。それはなぜだろうか。

　この解は実に簡単なものだ。それは「収録動画は必ず学生（視聴者）に届く」という安心感によるものである。プロが編集するものであれば確実，自前のものであっても自分で再生してみればよい[38]。

38：やってみるとわかるが，実に，恥ずかしい。その壁を乗り越えるところに意義があるのかもしれない。

それだけでこの問題はクリアする。それが大きな違いだろう。

　以上の考察とは別に，収録を意識して話をした動画と，講義で話をするのを後から収録した動画では，そもそも価値が異なるという話にも言及したいところではある。さらには，対面授業とオンライン授業のハイブリッドとかいう暴論もちらほら。しかし，これに関しては「5.5　オンラインと対面の併用は難しい」で議論したとおりである。ハイブリッド方式も使いようではあるが，ひとつの授業内でのオンライン・対面ハイブリッドは，十分に注意する必要があることは，再度，指摘しておきたい。

6.4　講義における身体性

　オンライン講義で気になるのは教員と学生の間でやりとりされる情報量の問題である。オンライン講義化に積極的な先生方は，教育効果はほぼ変わらないと主張する。消極派の私は「とりあえず実施できた」というだけで，変わらないと積極的に主張するほどのエビデンスはまだ集まっていないのではないかと考えるが，この点については，なおいっそうの議論と検証が必要であろう。

　私の研究領域は，人間と情報システムのインタラクションに関する研究である。周辺の学問領域としてコミュニケーション学と呼ばれる分野も若干はカバーする。人間のコミュニケーションを考えるうえで，ひとつの重要なキーワードとして「身体性」と呼ばれるものがある。大学の講義や演習，あるいは課外活動も含めて，大学におけるすべての活動はコミュニケーションが根底にあることは意識すべきである。そして，その前提に立ったとき，「身体性」の重要性を再確認する必要があるのではなかろうか。

身体性とは何か

　「身体性」というキーワードは，なかなかわかりにくい概念である。なぜならば，分野ごとにさまざまな定義があり，文脈によって意味が変わってくるからだ。多くの場合は人間の身体に関わる概念として利用されるが，細かなニュアンスが分野によって異なる。

　たとえば，人工知能やロボットの分野で身体性というと，「ヒューマノイドがなぜ人間の形をしている必要があるのか？　それは人工知能であっても身体性を持つ必要があるからだ」などのように用いられる。人工知能を人として認知するためには，物理的に見て触って確認できる「身体」が重要なのであるという考え方である。

　コミュニケーションの分野においても身体性は重要なポイントである。なぜならば，人と人とのコミュニケーションは，つきつめれば身体と身体が対峙するものだからである。

　「『視聴者の理解度高く驚いた』京都大学がコロナと社会考える無料オンライン講義を配信中」という記事（浅野，2020）では，京都大学の出口教授が一般を対象として無料でオンライン講義を配信した経験を語っている。そのなかで，オンライン講義の圧倒的なデメリットとして，身体性の欠如について言及されていた。改めて気付いた「対面の良さ」だそうである。しかし，前期にずっとオンライン講義をしてきた大学教員の皆さんは多かれ少なかれ，気付いているはずである。

　出口教授の言葉を引用する。

　　この先，社会のオンライン化がいくら進んだとしても，我々の生が24時間オンライン化されるわけではない。我々の生には，つねに身体的に生き，他者と交わっている部分が残るはずです。

　さもありなんである。

極端に狭いバンド幅

　「バンド幅」とは帯域幅ともいい，もともと情報理論や通信技術の用語である。通信に使われる周波数帯域の幅のことを指す。一般に通信においては，使える周波数帯域の幅が広ければ広いほど，一度に多くのデータを送ることができる。そのため，バンド幅という言葉は転じてデータ量や通信できる情報量の意味で使われることもある。

　電話の声がくぐもってよく聞き取れないという経験をしたことがある皆さんは多いことだろう。それは，そもそもアナログの電話は（本来の意味での）バンド幅が狭く，会話に必要な最低限の情報しか通信できていないからだ。

　通信技術が進化して，通信に必要なバンド幅は急速な勢いで拡大してきた。いま私たちが使っている Zoom や Webex などのオンラインミーティングシステムは，ときどき通信が不安定になることはあっても，ほぼ，日常的に使用するぶんには問題なく使えるようになっているといってよいだろう。

　しかし，対面でのコミュニケーションと比較すると，まだまだ不十分と言わざるをえない。日常生活において，対面で会話する状況を振り返ってみてほしい。皆さんは，言葉だけで情報のやりとりを行っているだろうか？

　人間の対面コミュニケーションは，音声による会話のやりとり以外にも，さまざまな情報をやりとりしているのである。顔色を伺いながら，相手の気持ちを推し量りつつ，発言のトーンを変える，などということは日常茶飯事であろう。それは教室においても同じだ。

いまの説明で学生は理解しただろうか，学生の理解につまずいているところはないだろうか，など，対面の講義であれば，学生の様子を伺いつつ講義をコントロール[39]することができる。

　オンデマンド型のオンライン講義は，これらの機微は一切捨象される。すなわちバンド幅は極端に削られているということになるわけである。教員から学生へは，講義の内容を淡々と伝えればよい，という単純なものではないのだ。

6.5　教員の顔出しは必要か

　オンライン講義に関する議論では「学生の顔出し NG 問題」がたびたび議論されていた。一方で，教員の顔出しは「当然だろう」という論調がほとんどだったように思う。しかし，データダイエットだかで教員の顔出しも不要なのではないかとの指摘もあり，はたして，教員の顔出しはあったほうがよいのか，実際のところどうなのだろうか。

学生に訊いてみた

　受講する側の学生はどう感じているのだろうかと，最終課題の提出に合わせ，（これは任意で答えてくれればいいんだけど）というただし書き付きで，「動画には教員の顔が出ていたほうがよいか，出ていないほうがよいか（理由も含め答えよ）」という質問をしてみた。

　なお，対象とした講義は数学の講義で，1 年生が受講生の大半を

39：できる先生とできない先生に分かれそうではあるが。

占める[40]。また，意見の収集は拙作の Dialogbook というシステム（Iio and Wakabayashi, 2020）を用いた（図 6.1）。

　サマリーを報告すると，「顔出しアリがよい」派のほうが多かった。入学したての 1 年生が過半数を占めているという点も影響しているかもしれないが，やはり，講義の内容以外にコミュニケーションの情報量を求める声が目立つ。対面と同じ環境を望む声も多かったが，顔が出ていたほうが集中できるなど，教員の話しぶりからさまざまなシグナルを読み取っているというコメントは学修効果を考えるうえでも無視できないのではなかろうか。

図 6.1　DiaLogBook システム

40：2 年生の一部も受講している。

消極派は少なかった

　積極的に「顔出しナシがよい」という声は1件だけだった。消極的に「顔出しは必要ない」との声も含めても，ナシ派の数は少なかった。顔出しナシの理由として，教員の負荷[41]を心配してくれているのはリップサービスなのかな。まあ，素直に，優しい学生の皆さんによる配慮に感謝しておこう。実際には Zoom のひとりミーティングで一発撮りしているので，顔出ししようがしまいが負荷は変わらないのだが。舞台裏を知らない彼らあるいは彼女らなりの配慮ということで，ありがたく感謝しておこう。

　どっちでもよい，あるいは，場合によるという意見には，今回は特別という意見もちらほら。まあ，教員だけでなく学生も戸惑っている様子がよくわかる。

　この講義ではずっと顔出ししていて，動画には右上に私の顔が小さく出ていたのだが，資料の見やすさに言及していた意見がいくつかあったことも見逃せない。Around や mmhmm など，新しいツールの提案がちらほらなされているが，資料の上を教員のアバターが飛び回っていたら，逆に見にくくなってしまう恐れもあるのではなかろうか。教員の自己満足ではなく，学修効果を考慮したコンテンツ作成を心がける必要がありそうだ。

一方の教員側も

　ところで，教員側の意識もいろいろだという点は興味深い。

　先日，とあるオンラインセミナーで，某大学のある先生が「オンライン講義になって学生の顔が見えないので，とても楽になった」

41：動画の編集だけでなく，「着替えるの大変でしょ」の配慮も……。

というような旨の発言をされていた。なんでも「ネットの向こうで何してようが構わないので，居眠りしてようが，ぜんぜん聞いていなかろうが，気にならないのがヨイ」ということらしい。対面の講義だと，居眠りしている姿が目に入ると講義しにくいそうだ。

　私はこの発言を聞いて目からウロコというか，これまで考えもしなかった発言だと感じた。これまではどちらかというと「オンラインで顔出し NG だと，向こうで何してるかわからないから気持ち悪い」と考えていた。居眠りしている学生は対面だったらいざとなれば起こしにいけるし。私は，居眠りするような眠たい話をするほうが，教員としては力量不足なんだろうとも考えていた。

　本件，かの先生を批判するわけではなく，いろいろな考え方があるものだと驚いた次第である。

　オンライン講義になって，学生がどういう状況で受講しているかわからないというシチュエーションは，また別の問題も含んでいる。それは，向こう側で話を聴いているのが学生だけとは限らない，という問題だ。これに関しては，私は別に構わないと思っているが，気にされる方もいらっしゃることだろう。

　いずれにしても，オンラインで向こう側が見えない状況で講義を実施する以上は，対面をそのままオンライン化するという捉え方では不十分であるということを再確認させられた一件であった。

6.6　静かに声をあげる学生たち

　これまで述べてきたように，オンライン講義の準備で得たものも多かったが，なんといってもさまざまな経験を積めたことが大きい。これについては，今回の経験を次に活かしていきたいところだ。学

生の反応も，重要な情報のひとつである。

授業評価アンケートに異変あり

　講義が終盤にさしかかるといつも「学生による授業評価アンケート」というものが実施される。今年も同様にアンケートを実施しており，学生に入力をお願いした。

　私が担当しているいくつかの科目をみていたら，自由記述にいろいろと書き込んでくる学生が例年と比べて明らかに多い，という現象に気付いた（図 6.2。右半分に示されている T 列 q1.14 が自由回答）。

　当該コメントにはモザイクがかけられているが，この状況である。何らかの意見が多数書き込まれていることは図からも明らかだろう。例年，この自由回答はせいぜい 1 割程度の学生が記入してくるだけだったが，今年は半数以上の学生が記入してきている[42]。これをどう解釈するか。

　オンライン講義であったがゆえに，これらの記述にも抵抗がなくなっているという点はあるだろう。この科目は LMS を用いた課題提出のコメント欄で私が丁寧にフィードバックしていたので，なんとなく「書き込まねば」と感じたのかもしれない。しかし，他の科目でもここまでではないにせよ，例年よりは書き込みが増えている印象がある。

学生からのSOS？

　やはり，学生たちも密なコミュニケーションを求めていることの

42：この科目は，なかでも多いほうではあるが……。

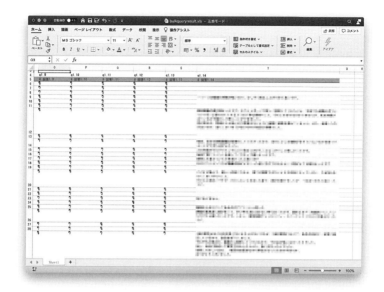

図 6.2　学生による授業評価アンケートの集計結果

現れなのではなかろうか。オンラインで便利になったとはいえ，対面のコミュニケーションには情報量のバンド幅では全くかなわない。人はコミュニケーションする生き物なのだ。このアンケートに現れた自由回答の多さが「3密とか，馬鹿なこと言ってんじゃないよ」という悲鳴にみえてしょうがない。

6.7　オンライン講義に対する学生の意見

　前節で，授業評価アンケートで自由回答に学生の意見が多く寄せられたことについて報告した。皆様のオンライン講義コンテンツ作

成の参考になるかもしれないということを期待して，そこで得られ
た学生の声を紹介したい。

　なお，対象のオンライン講義は，動画配信型の講義「プログラミ
ングのための数学」で，1コマのコンテンツは10分前後の動画を7
〜9本ぶん用意するというコンテンツである。毎回，1〜3問程度の
課題を出した。課題のレベルはやや挑戦的なものも含むものの，負
荷はさほどではないという程度のものである。ただし，提出された
課題に対してはLMSのコメント欄でかなり丁寧なフィードバック
を行った[43]。

動画コンテンツに関するコメント

　まず，動画に対する意見である。顔が出ているほうがよいのかど
うかについては，別途，最終課題で尋ねてみる予定だが，顔が出て
いたのがよいという意見がすでに出された。また，当初はLMSの
制限から小分けにせざるを得なかったという理由で短い動画にした
のだが，瓢箪から駒というか，その形式がわりと評判よいというこ
とがわかった。途中で止めながら観ればいいのでは？　とも思うが，
そういうものでもないらしい。

- ひとつの動画の時間が短く，少しずつ見ることができてよか
った
- 動画を小分けにしてあるのがすごくいい
- 動画が細かく分けられていたので，じっくり考えながらビデ
オを見ることができ，よかった
- 動画講義の質が高かった

43：教員の負荷としては，そこそこ高かった。

・先生の顔が出ているので集中して聞くことができた

フィードバックに対するコメント

これは手をかけただけのことはあった。あとは教員の負荷とのトレードオフをどうするか？　だろうか，落としどころはどこにあるだろう？

・毎回，自分の挑戦課題の指導をしてくださったので，自分の理解が足りていないところがわかりよかった
・毎回丁寧にコメントを返してくださって嬉しかった
・質問にも答えていただきよかった
・個別指導でしっかりフィードバックしてくださり大変よかった
・自由に記述して質問できるシステムも私にはぴったりだった

講義のあり方，コンテンツの内容などに対するコメント

自腹でペンタブを買ったのは無駄ではなかった！

対面講義であればスライドを提示しつつ白板で式展開して説明するところ，Zoom のホワイトボードや MS OneNote にペンで落書きして示すなど，白板への板書に代わる説明を加えた点がよかったらしい。そして，ここでも雑談が評価された。まあ，脱線する話題も重要だってことかな？

・ホワイトボードで詳しく説明してくれた
・おまけコンテンツなどの話がとても面白かった
・数学の内容だけでなくRやエクセルなども活用しながら数学について学ぶことができたのもよかった
・実際の活用例を見せてくれたり，単純に面白いというものも

あったり，難解な部分もあったが楽しかった

　なお，ここで紹介した意見は，ポジティブなものだけの抜粋であることをお断りしておく。一部，ネガティブなものもあったが，一般的な指摘ではないため皆様の参考になるかどうか怪しいものであり，なにより私の心が痛くなるのでそれらは紹介しない。

7 章　失われたリアルキャンパスライフ

　講義のオンライン化に関して，やれ学生はキャンパスライフを求めているだの，大学生の本文は講義の受講でありオンライン講義で十分だの，2020 年の夏，大学業界ではこの話題が繰り返し議論された。前期は緊急対応ということもありなんとか世間にも受け入れられた感があるが，後期の対応はどうすべきか，大学は難問を突きつけられた。

　とりあえず 2020 年の前期は講義のオンライン化でなんとかやり過ごすことができた。この事実が多くの大学教員にとって「教育実績は死守できた」との自信になっているのは事実である。しかし，本当に教育研究だけが大学生活なのだろうか。本章ではオンライン化から漏れた部分，すなわち，「リアルキャンパスライフ」に焦点を当ててみたい。

　「大学生活」の本質とは何か。大学生活の意義が，いま，問われている。

7.1　大学に行けない大学生

　遠隔教育にすると学費減免請求の動きが加速するだとか，施設設備費は返さねばならんだろうとか，そのような世知辛い話題（といってもまあ，重要な話題ではあるけれど）が議論されているなかで，わりと議論のテーブルに乗っていないんじゃないかという懸念があ

るのが，学生生活についてである。華のキャンパスライフ，という
わけでもなかろうが，大学生活って，教室で講義を受ける，ゼミで
議論する，その他研究活動をする，というだけではなかろう。サー
クル活動やら友達と無意味に過ごす時間なども，大学生活の重要な
要素に違いない。

　……などとボヤいていたら，2020年の夏休みあたりを潮目に，リ
アルキャンパスライフも重要なのではないか，小中高校生が元気に
楽しく投稿しているなかで，なぜ大学だけがキャンパスを解放しな
いのだ，という論調が指摘されるようになってきた。

過去の例に学べるか

　可哀想なのが1年生で，入学してまだ一度も登校していないので，
学友すらバーチャルでしか得られていない。これは，なんとかして
あげないとイカンのではないか？　2020年の夏頃にはそのような
ことを考えていた。

　なにか参考になる情報源はないだろうか，といろいろ考えていて，
そういえば1970年前後の大学闘争のころはどうだったんだろう？
キャンパスをロックアウトする状態，原因こそ違うけれど，それと
似たようなものではないかと思いついた。

　大学のキャンパスに入ることができない現状と比べて，何かヒン
トを得られるのではないかと単純に考えたわけだ。

あまり参考にならないとの結論

　「残念ながら私はそのころよちよち歩きすらしていない時代[44]な

44：私は1970年生まれ。学園闘争時代はちょうど私が生まれたころに相当する。

ので，当時の記憶というものはない。ここは諸先輩方にお知恵を拝
借するしかないのだが，いかがだろうか」などという内容のメッセ
ージをSNSに投稿したところ，当時を知る諸先輩方から多数の意見
を頂戴した。

　曰く，確かに大学構内に入ることができないという状況は今と同
じだが，街全体がロックアウトされていたわけではない。学生街の
喫茶店で自主ゼミを開催したり，学生同士で議論を闘わせたりした
ものだ。曰く，大学の機能は停止していたが，学生の交流がなかっ
たわけではない。むしろ現在の通常時よりも熱いコミュニケーショ
ンがあったはずだ。曰く，教員と学生だけでなく，すべての関係者
の人的交流がオンライン化している現在とは比ぶべくもない，など，
まあ，「参考にならない」というメッセージに終始した。

　たしかに，大学の構内に入れないという点が同じというだけで，
その他の社会情勢など全く異なるので，参考にはできないというこ
とだろう。せめて，当時，教員側，大学側の苦労がどうだったか，
大学や教員の対応で現状に参考にできることはないか，というヒン
トを期待したのだが，残念ながらさすがに，当時，教員だった先生
方はすでに鬼籍に入られているか，SNSに参加して意見交換をする
ようなお歳ではないということだろう。そのような意見を得ること
はできなかった。

7.2　新入生(1年生)のフォローをどうするか

　「春から〇〇大学！」と意気揚々と新生活への期待で胸を膨らま
せていたはいいものの，なんと遠隔講義でキャンパスは入構禁止，
友達も作れない……そんな大学の新入生たちが不憫でならない。大

学教員として，他人事みたいな言い方で申し訳ないが，これでも，都内の大学でありながら後期は少しでも対面授業を実現させるべく，いろいろと奮闘したのだと言い訳はさせてもらおう。

発端となったツイート

　さて，業界でかなり話題になったツイートがある。2020年7月17日に投稿されたツイートで，「#大学生の日常も大事だ」というハッシュタグとともに「大学生は，いつまで我慢をすればいいのでしょうか」とつぶやかれたものだ。この気持ち，とても良くわかる。このツイートには，40万近いイイね！　が付き，15万を越えるリツイート数に至った。

　わが家にも2020年の春から高校に進学して高1生となった子がいるが，高校もすぐに登校を開始して，学校生活をエンジョイしていたようだ。新しい友達もできたかな？　このツイートで指摘されているように，大学生だけが，なぜ，困難を強いられなければならないのだろうか。もちろん，大規模大学としての問題もあるし，「感染させた＝悪」という偏見とどう闘うかという問題もあるし，いろいろと解決しなければならないことがあるのは百も承知ではある。話題が散逸するのを防ぐため，本稿では，抜本的な解決策の検討については，とりあえず，横に置いておく。

　さらに，こんなツイートも続いていた。男子学生が「知らない相手にSNSでどこまで自分を出していいかわからない」と悩む姿に共感を覚えるというものだ。新聞でも，「大学通えず　新入生孤立」「『友達0人』35％」などという報道があったらしい。なんともショッキングなキーワードが踊っている。この状況，大学の上層部はどう見てるのか。もう片っ端から直撃インタビューでもやって確かめ

てみたい気分になる。

中央大学国際情報学部での取り組み

　手をこまねいているだけでも仕方がないので，中央大学ではどのような取り組みをしたか紹介したい。少しでも友達づくりに寄与できていたらと願うばかりである。詳しくは毎日新聞の記事を参照いただきたい（図 7.1）。一部を引用する[45]。

図 7.1　毎日新聞による紹介

　国際情報学部（iTL）では，学生主催による新入生との交流イベント「iTL（国際情報学部）新入生オンライン交流会」を 5 月 2 日から 6 月 20 日までに計 4 回開催している。

　同学部の「国際交流サークル」が運営主体となり，自発的に始まった活動だが，学部も後援し，これまで延べ60人以上の新入生が参加している。交流会では，まずは簡単なゲームで新入生の緊張を和らげた後，5，6 名のグループに分かれて，在学生が各グループをコーディネートしながら新入生同士の交流をは

45：https://mainichi.jp/univ/articles/20200626/org/00m/100/005000c

かる時間や，在学生への質問など，新入生がこれからの学生生活を送る上での疑問や不安を解消しつつ，通学後のイメージをつかめるようなプログラムを用意している。交流会に参加した新入生の多くは「次回も参加したい」との声を寄せており，高い満足度がうかがえる結果となっている。

　私も少しだけ参加した。もっとも，開始してすぐグループに分かれてしまったので，簡単な挨拶だけして，すぐに退散したが。これは学生同士のほうが交流しやすかろうという配慮したつもりである。

　ともあれ，1年生のフォローは，喫緊の課題であろう。後期も遠隔でということを決めた大学も多かった。1年生だけは，事情に鑑みて，少し，手厚めにフォローしてあげることが大切だろう。

7.3　学生部がもっと主張すべきでは

　具体的に確認しておくと，本章で議論しておきたいことは，学生にとっての「大学生活」をどう保証するかという問題の取扱いである。そもそもそんなものは大学の本質ではないと切り捨てるか，それも重要だと何らかの対策を提示するか。いずれにしても，どのような対応をとるにしても，その対応をとることの説明責任はある。

　ここで私が主張したいのは，この話題は学生部マターと考えられるのに，学生部視点の意見をあまり見ることがないということだ。さらに，先生方のご意見，学生たち本人，あるいは，保護者の方，それぞれの主張はあるだろうし，それらが対立することもあろう。そのような対立する意見を調整する役目も学生部が担っているはずなのに，少なくともネットでの議論ではほぼ「学生部」という言葉

が出てこないのはなぜなのか，というものである。

学生部とは何か

　大学関係者以外には「学生部」と言われてもピンとこないかもしれない。学生部とは，大学において学生の諸生活に関するアレコレを議論する組織である。たまたま日本医科大清水先生の「学生部長としての思い」という文章を見つけたので，そこから，学生部委員会の活動について説明している箇所を引用する（清水，2010）。

　　　具体的には，学内はもちろん課外活動時の事故，疾病ならびに設備の改善に対する対応，予防接種，健康診断など健康面での対応，喫煙および飲酒の問題，学内での避難，防災訓練など安全対策，入学時のオリエンテーション，学生が中心となって毎年行われている海外との短期交換留学（IFMSA）のサポート，毎年行われる東日本医科学生総合体育大会（東医体）の支援，優秀な学業成績や課外活動を通して本学の発展に顕著に寄与した学生または団体に贈られる橘賞，桜賞の選定と授与などがある。

「学内はもちろん課外活動時の事故，疾病」「健康面での対応」などの記述がみられる。まさに，COVID-19対応に関係が深い組織であろうことを読み取ることができよう。

　名称は「学生部」以外にもあるのかもしれないが[46]，類似の機能

---

[46]：簡単に調べてみた限りでは，どの大学にも「学生部」という組織はあるようにみえた。

を持つ組織はどの大学にもあるだろう。そして，表に出てこないだけで，すでにどの大学でも学生部主導でこの問題に取り組んでいるのかもしれない。しかし，残念ながらその結論はまだ見えてきていない。

　どの大学でも，大学組織のなかで学生部長はそれなりの存在感を示しているはずである[47]。まさに今こそ声を挙げるべきタイミングではなかろうか。それとも，学生部は黒子に徹するというスタンスなのだろうか。

7.4　課外活動と対面講義に関する二重構造

　「各大学で後期は対面講義をやるべきなのかどうか」問題に関して，私自身は「オンライン講義の意義は認めるものの，オンライン講義だけでは不十分であり対面講義も積極的にやるべき」という立場を一貫して維持していたが，ここではその是非に関する詳細には踏み込まない。それはそれとして，大学全体を取り巻く状況と，課外活動をめぐる動きに共通点があるなあと感じた出来事があった。ここでは，その構造を整理しておきたい。

きっかけは東大の通達

　そもそも「おやまあ」と感じたのは東大の通達である。そもそも，東京大学は積極的に警戒レベルを下げるなど，対面の活動実施に舵を切っているようにみえた。オンライン化の決定も速かった一方で，その反省点も迅速に取り入れたのではないかと個人的には好ましく

47：本学の場合，現在の学生部長は副学長でもある。

みているが，まあ，それは上記の立場を私が取っているので若干贔
屓目かもしれない。とりあえず置いておこう。

　さて，注目すべきは，2020 年 7 月 31 日に東大の教養学部長から
発せられた「課外活動の再開にあたっての注意」（東京大学教養学
部長・太田，2020）である。同文書によれば，東大では「8 月 6 日
以降，駒場キャンパスにおける『課外活動施設の利用制限の緩和』
を行」ったらしい。これは，学生にとっては朗報といえよう。これ
まで基本的には「課外活動するな」と封じ込められてきたところの
制限緩和なのだから，学生にとっては望ましい大学側の対応であろ
う。

　しかし，本文書のほとんどを占める内容は，要約すると「課外活
動は許すがクラスタは発生させるな」というものである。さて，こ
の構図，なんか既視感があるぞ？

文部科学省の対応

　ここで，私たちが置かれている状況を振り返ってみよう。小中高
は対面授業を再開しているのになぜ大学生だけがオンライン講義で
我慢させられているのだ？　という声が SNS で学生から発せられ
たり，保護者が「授業料返してもらわないといけないのでは？」と
疑問を呈しはじめたり，はては政治家がつまらぬ意見を垂れ流して
みたり，いろいろと外圧が高まっている状況にある。

　さて，このような状況に対して，本学の某先生が，文科省の対応
は「感染者を出さないように対面講義を再開しなさい。後方支援は
ないので自分で知恵を出して。感染者が出た場合の責任は大学でお
ってください」というものであろう，と簡潔に表現してくださった。
まあ，塩対応だなあ，とは感じるものの，2020 年夏の時点では，そ

れ以外になかっただろうなあ，とも思う。

　ところで，これ，「文科省」を「東大」に，「大学」を「課外活動
（の主体）」と置き換えたら，先の通達とほぼ同じになるではないか。

私たちはどうすべきか？

　ではどうすべきかという答えを私は残念ながら持っていない。た
だただ，ああ，同じ構造だなあ，いざというときは責任の押し付け
合いになるのかなあ，と考えただけである。皆さんはどう考えるだ
ろうか？

　東大の通達，結びの段落がなかなかシャレているので，その一部
を紹介して，本議論における区切りの代わりとしたい。

　　課外活動をコロナ禍の中で安定して実施できている大学など，
　世界のどこを探してもないと思います。そのような世界の先端
　を開拓する覚悟で，課外活動を行って頂きたいと思います。私
　たちは，新型コロナウイルスが打撃を加えている「人と人との
　交流・リアルなネットワークの形成」を，なんとしても守って
　いかなければなりません。是非東大生の皆さんが率先して，そ
　の新しいモデルを作ってほしいと願っています。

　先の二重構造に当てはめれば，私たちは「世界の先端を開拓する
覚悟で対面講義を行う」ことに挑戦しなければならないのかなあ，
ということになるけどね。

8章　研究活動のオンライン化

　講義がおしなべてオンライン化した一方で，研究活動はどうだったか。2020 年の前期は，オンライン授業の準備でなかなか研究活動に時間を割くことができなかったとこぼす先生方が多かったように感じているが，一方で，ある分野では COVID-19 関連の論文が粗製乱造されているという話も聞こえてくる。まさに，研究においても皆，右往左往していたというところが実情であろう。

　1 章の冒頭，「1.1 突如始まったオンライン講義」で，2020 年 3 月 3 日に開催されたサイバーワールド研究会を最後に，研究会や各種のイベントはすべてオンライン化してしまったことについて触れた。その後，いくつかのオンライン学会の裏方を体験し，学会のオンライン開催に関する知見もある程度，得た。現地に出張して参加するはずだった国際会議もすべてバーチャル開催もしくは中止ということになり，学会活動には大きな制限が課されていると感じている。そもそも，時差があるため，国際会議のオンライン開催に関して，日本人は，若干，不利な立場に置かれていることは否めない。

　本章では，研究活動のオンライン化に関するいくつかのトピックを紹介しよう。

8.1　研究会のオンライン化も悪くはない

　実際に学会のオンライン化を体験してみて，どうだったかの報告

から始めよう。

　2020年6月6日に，HCD-Netが開催する2020年度春季HCD研究会が「オンラインで」開催された。今年は中央大学国際情報学部が春の研究会をホストする予定であって，私も担当者として張り切っていたのに，社会情勢からオンライン開催にせざるをえないということになって少々残念に思っていたと，まずは正直に告白する。

やってみたら意外と簡単

　しかし，ふたをあけてみたら，というか，やってみたら「オンラインだから盛り上がらない？」という心配は杞憂であった。活発な意見交換も行われ，イベントは成功裏に終了したといってよいだろう。いや，贔屓目にみるぶん差っ引いても大成功だったのでは？と思えるくらい，盛況であった。

　今回の実施にあたり，ポスターセッションをどうするか問題があり，検討する期間がないと言い訳してすべてオーラルセッション（口頭発表）に変更してもらったが，その点は，協力してくださった発表者の皆さんに感謝したい。

　いずれにしても，前日のリハーサルを含め，皆さんの協力なしではうまくいかなかった。3月頃，あらゆるイベントがオンライン化したときには「はたして大丈夫だろうか？」と懐疑的だった自分を叱りたい。やってみればなんとかなるもんだなあと，感慨深いものがある。

研究会のオンライン化によるメリット

　オンラインの研究会にすることで，メリットもあった。以下，よかったことを挙げておこう。

- 記録が残るので，メモをとる手間が軽減される（これはデメリットでもあり，記録に残せないことをしゃべれない問題もある）
- 発表が終わって Q&A の時間がなくなってしまっても，そのあとチャットで議論が続くことがあった。時間切れにならないというのは前向きかも。もっとも，次の発表者にとっては迷惑？
- 地方からの参加者が増えたらしい。これはオンラインならではのメリットだろう
- 研究発表賞の評価をいつもより念入りにできた。これはそのために作成したオンラインイベント支援システムを導入したから。苦労した甲斐があった。エヘン！

8.2 オンライン化する国際会議

　世界的に人の行き来が制限された結果，国際会議も片端からバーチャル会議化し，オンラインでの開催になった。私は，2020 年 6 月にクロアチアでの開催が予定されていた学会と，7 月にデンマークで開催が予定されていた学会に参加したが，いずれもバーチャル会議でオンライン，自宅からの参加とあいなった。

　両学会ともに，自分の発表とその後の質疑応答はつつがなくこなしたが，それだけ。なんとも寂寥感が残る学会参加であった。以下，オンライン化のメリットとデメリットを挙げるが，結論は「オンライン国際会議ってやはりメリットが少ないから，当面は致し方ないにしても，早く元に戻す方法を考えるべき」である。

オンライン化のメリット

　費用の面で気軽に参加できる点は，利点と考える人も多いだろう。なにしろ旅費と滞在費がかからない。欧州あるいは米国往復4日間滞在のパターンで20万円前後のコストがタダである。前後の移動時間もまるまる削減できる。

　……他にメリットあるかな？

　ちょっと意地悪なもの言いをすると，次に述べるようにディスカッションもあまり盛り上がらないので「とにかく『国際会議で発表した』という既成事実を積み上げたい」人にはコストパフォーマンスがよいかもしれない。

オンライン化のデメリット

　人的ネットワーキングに関する活動が皆無であった。せいぜい自分が発表したセッションのチェアパーソンに挨拶した程度。バーチャル会議は人的ネットワーキング構築にほとんど寄与しない。これが最大のデメリットといえる。

　セッション間のコーヒーブレーク，ランチタイム，レセプションパーティ，あるいはオプション参加のエクスカーションなど，そのような活動がいかに重要であったかが思い起こされた。「いやー，話題が多岐にわたるから英語で会話を繋ぐのが難しくてさー」なんてボヤキがとても贅沢なものであったということに気付かされた。

　まあ，もっとも国内でも今年度は新たな人的交流などほとんどないから，当たり前といえば当たり前の話ではある。「そんなんでいいのか？」という疑問に対しては，よくない，と即答する。どうすればよいのか，新たな課題であろう。考えなくてはならぬ。

オンライン化のデメリット（私が反省すべきもの）

　以下に述べるデメリットは，私の意識の低さによるものなので「ちゃんとせえ」で片付く話ではある。しかし，まあ，いちおう課題として挙げておこう。

　とにかく関わり方が希薄であった。参加意識もバーチャルであった。具体的には，自分が発表したセッションこそきちんと参加したものの，他のセッションはほとんど参加しなかった（できなかった）。実にもったいない話である。しかし，時差のせいで夜中に進行するから，そもそもフル参加は辛いものがある。なお，自分が参加した両学会は，いずれも朝イチのセッションに割当ててもらえたので，日本時間で夕方〜夜という，まあ，なんとか普通に参加できる時間帯であり，助かった。

　現地に行ってしまえば，参加するしかないから面白そうなセッションには参加してみることになる[48]。せっかく参加費を払っているのだから，情報収集も兼ねて，他のセッションにも参加しないのはもったいない。ここで新たな人的ネットワークが拡大することもあるし。

　そもそも，自分が参加したセッションですら，議論が盛り上がったかというとかなり疑問が残る。見知らぬ人と，いきなりオンラインで議論しろというのは，かなりハードルが高い。発表して，それに対してディスカッションして，アイデアを高めていくという学会の理想的状況には，やや距離があるのではないかという印象は拭えなかった。

48：抱えていった仕事をせざるを得ないときは別だが。

オンライン化で参加者数は増えるらしいが……

オンライン化すると参加者数は増える，という話を聞く。私が運営に関わった国内のイベントでも，確かに参加者の総数は増えた。しかし，その数の多くは「幻（まぼろし）」のようなものなのではなかろうかという気がしてならない。

オフライン開催でも自分のセッション「しか」参加しない人は居ただろう。毎年，なんだかんだで理由を探してスイスで開催される学会に「出張」し，自分の発表するセッションだけ参加，残りの日は山に行ってしまうことを公言してはばからなかった某先生を私は知っている[49]。まあ，その某先生は極端なケースにしても，オンライン化によって参加意識が希薄になるのは私だけではあるまい。そうなったときに，そもそも参加する意義は何だろう？

薄く広くで本当によいのか？　少し立ち止まって考える必要があるのではないだろうか。

8.3　オンライン発表とタイムキープ

先日のオンライン研究会では，タイムキーパーを用意しなかった。まあ，面倒くさかったという面もあるけれど，不要なのではないか？　と考えたからだ。

PC 画面と時計

オンライン発表の場合，発表者は必ず PC に向かっているので，そもそも，PC の画面ってだいたい隅っこ[50] に時計でてるじゃな

49：武士の情けで名前は明らかにしない。

い？　と考え，であればタイムキーパーは要らないのではないかと考えた。もっとも，オンライン発表でも，スライドショーモードにすると，1画面しかない場合はスライド資料が全画面表示になってしまうようなので，これは勘違いだったということが後から判明したが。

　そもそも，オンライン発表だったらデュアルディスプレイのハードウェアがなくても，ソフトウェア的にネットワークにスライド資料画面を送出すればいいわけだから，手元は発表者支援画面だけでも良いのではないかと考えるのだが。と，まあ，これはちょっと脱線した話……などと SNS で議論していたら，解をいただいた。

　PowerPoint を使っているのであれば，「スライドショーの設定」から「出席者として閲覧する」というモードを選べば，全画面表示ではなく1つのウィンドウ上にスライドショーが表示されるので，それを画面共有すればよい，だそうである。なるほどこれは便利だ。Keynote にも似たような機能ないかなあ[51]。

発表者の自主性を尊重すべき？

　ところで，国際会議などではそもそもタイムキーパーがいないことも多い。セッションの枠のなかで，自由に議論すればいいじゃないのという感覚だろう。それはそれで，大人な対応というか，そもそもそうあるべきなのではないかなという気もする。たまに，暴走して時間を大幅に超過してしまう発表者が出てくるという弊害もあ

50：下だったり上だったりするメニューバーの端っこにある。

51：Keynote もバージョンアップして，現在は「スライドショーをウインドウで再生」という機能が備えられた。まさにオンライン化がアプリに影響を与えた例として興味深い。

るが，まあ，それはタイムキーパーを用意したところでそういう人は出てくるときは出てくるし，違う問題だろう。

　さて，話を無理やり学生の発表に振る。ゼミの発表などでも同じことは当てはまるだろう。これまで，対面式のゼミの発表でも，あえて，時間管理をすることは私はしていなかった。議論が盛り上がったら，それはそれでよいではないか。どうせ毎週決まった時間にやるのだから，1週間くらいズレても問題なかろう，というおおらかなスタンスである。まあ，卒論提出間近とか，時間にデッドラインがあるときは別だが。

　オンライン発表だと時間管理は容易になるのでは？　という仮説は，たんなる印象をまだ越えていない。しかし，いずれにしても，厳密にギリギリやることばかりが最適解ではないということはいえるだろう。

8.4　オンライン研究会と著作権

　HCD研究会の振り返りをしていて，ひとつ気付いたことがあった。発表の著作権侵害の問題についてである。

写メぱしゃ問題

　HCD研究会でかねてより私が指摘してきたことは，発表時の「写メぱしゃぱしゃ問題」であった。ひどいケースだと，すべてのスライドを撮影する参加者もいる。最後の「ご静聴ありがとうございました」を撮影してどうする？　というものすら見かける。なんなのそれ？

　さて，この問題は2つの側面があり，1つはそもそも鬱陶しくて

周囲の聴講者にとって迷惑であること，そしてもう１つは著作権侵害の恐れがあるということである。後者に関しては，さらに，写メぱしゃを許していると，「オフレコでお願いしたいのですが」というような，ココだけ話がしにくいという副作用も伴う。ひどいケースでは「オフレコで」とか「記録しないでね」などと発表者が注意しているにもかかわらず，平気で写真を撮る参加者もいて，権利に関する教育をしっかりすべきではないのかとも感じていたほどだ。

著作権の取扱いにはご注意を

　オンライン開催になって，この写メぱしゃぱしゃ問題は解決したと思っていた。ところが，後日，とんでもないものを見つけてしまった。

　「HCD 研究発表会」というキーワードでエゴサーチというかネットパトロールしていたら，発表のスライドをバリバリ貼り付けたブログを発見したのだ。「なんじゃこりゃ！　ていうかこれどうやったの？」と驚愕した次第である。Zoom の画面からスクリーンショットを撮ったのかなあ。ひょっとして Zoom 自体にそのような機能があるのかなあ，と，まあ，かなり驚いた。

　まあ，いずれにしても，これはそこそこ深刻な問題だ。著作権侵害は非親告罪化されてしまったので，運営側から指摘することもできるが，そこまでする必要があるかなあと少し悩んでしまった。とりあえず，次回からは，運営から何らかのメッセージを事前に発するべきだろうということはわかった。

その後の顛末

　この話題がSNSでひとしきり盛り上がった後で，この指摘がブロ

グを書いた本人の耳に届いたらしい。「すみませんでした」と平謝りのメッセージが届き，著作権侵害と思しき資料のコピーはすべてブログから削除された。

　結果オーライの顛末となったが，注意喚起はしていかないといけないなとあらためて思った次第である。

8.5　発表のスタイル再考

　オンライン研究会に寄せられたコメントに，「セッションでものすごくスライドの文字が小さい方，マウスのカーソルをぐるぐる回す方がおられるので聴講者の立場に立ってカイゼン願いたいです」というものがあった。いや，正確には同研究会で使用した拙作の支援システムの評価アンケートに書き込まれたものだ。

スライドの文字が小さい問題
　これは本当に悩ましい問題である。オンラインになる前から，1枚のスライドに小さい文字で情報を詰め込む傾向のある方はいた。とくに，公的機関や官公庁の方が作られるスライドにその傾向がみられる。まあ，これは元資料の作成を請け負っているコンサルタントが，発表資料と報告資料を共通化してしまおうという手抜きの結果であることが多いからなのだが（図8.1）。

　老眼が進んで小さい文字が見づらくなっている私なので，小さい文字で資料が見にくくて困るという状況を考慮して，最近，リアルの講演会や研究会などでは，なるべく前のほうに席を陣取るようにしていた[52]。

　気の利いたコミュニケーション指南本，発表資料の作り方などを

↑ Presentation from public sector
↓ Presentation from private sector

図 8.1　某ツイートより

52：後ろのほうに座っている人は聴講態度がよろしくない傾向もあり，気が散る
　からという別の理由もある。

みると「スライドの文字は 30 ポイントより大きくしましょう」など
と書いてあり，私もそういうものだと思って資料を作成してきた。
オンライン講義になって，この問題が，より顕在化したようだ。

　そもそも対面講義のころから，配布したスライドをスマートフォ
ンの小さな画面でちまちま見ながら受講している学生は少なからず
いた。「そんな小さな画面で見てると，小さい人間になっちゃうよ」
などと，気付いたら指摘していたが，オンラインだとそうもいかな
い。オンライン講義になって，ベッドで寝ながらスマートフォンで
視聴，などというパターンは容易に想像できる[53]。

　まあ，「好きに視聴できるんだし，必要に応じて自由に拡大でき
るからいいじゃん」と，突き放すのは簡単だが，やはり，教員のほ
うで配慮してあげたほうがよいのではないだろうか？　小さい文字
を詰め込むクセを付けてしまうと，高齢者相手に話をするときにも
嫌がられるかもしれないし。

マウスカーソルぐるぐる問題

　これは，実は私にはよくわからない。逆に，マウスポインタをレ
ーザポインタのような形にして「ここ見てください」と言わんばか
りの説明をしていた方の発表を聴講し，こんな工夫もあるかなと思
ったくらいである。

　しかし，クセでぐるぐる回しちゃう人もいるのだろうか？　それ
は少し鬱陶しいかもしれない。そのようなクセがある人は，少し気
を付けてみたほうがよいだろう。自分が気付いていないところで
「あの先生のマウスぐるぐる気が散るよねー」と言われているかも

53：自分が学生だったらやりかねない。

しれないので，ご注意を。

　なお，「ここ」とか「そこ」とか，説明時にそんな指示語が発生するような資料はそもそも失格だ！　という指摘もある。まあ，そうかもしれない。動画を使わない音声配信型のオンライン講義をやってみると，そのあたりの機微もわかるようになる。音声のみだと指示語はNGワードになることがわかるはず。

8.6　意図せぬなりすましにご注意

　まずは図8.2をみてほしい。Zoomを使ったオンライン会議でのひとコマである。関係者の顔や固有名詞にはボカシを入れたが，話題の性質上「井登友一さん」（以下，I氏とする）[54]だけは表示している。

図 8.2　なぜか他人になってしまった私

54：本稿執筆にあたり，井登さんには許可を得た。

何が起こったか

　図のなかで，右上の丸四角で囲った部分は私が注記したものである。「友一　井登（私）」となっていることに注意されたい。（私）と付くのは Zoom の仕様で，自分自身のアカウントであることを表している。そう，私「飯尾　淳」が，なぜか「友一　井登（私)」として登録されてしまっていたわけである。

　なぜこうなってしまったのか，当初は皆目わからなかった。ひとつ心当たりがあるとすれば，この会議に登録するときに I 氏から別の人に送られたメールに記載されていた URL をクリックしたことくらいだが。そんなことでこのような現象が起こるだろうか，と訝しく思っていた。

さらに厄介な問題を引き起こしたこと

　さて，図 8.2 を見て，私が別の X 氏にプライベートでチャットを送っていたことにお気づきだろうか？

　私から X 氏に，他愛もないメッセージを送っている。そのメッセージを受け取った X 氏は，私からではなく，I 氏からメッセージが届いたと思ったそうだ。そりゃそうだろう。表示がそうなっているのだから。その結果，X 氏は I 氏にチャットを返信，頓珍漢なやりとりが行われたとか。なお，そこがまた奇妙なところで，なぜ，送信したプライベートチャットが「そのまま返信」にならなかったのかは疑問でもある。普通に操作すればプライベートチャットはそのまま返信されるはずなのだがなあ。

この問題が生じた理由

　まあ，今回はたいした事故にならなくてよかったが，ナイショの

話をプライベートチャットで送っていたら？　と考えると，少し恐ろしい。そして，これはオンライン講義で，受講学生が簡単に他人になりすましできちゃうのでは？　ということに気付いた。なぜなら，今回は原因不明での名前の取り違えだったが，やろうと思えば自分の名前は簡単に変えられるからだ。

　この問題がなぜ生じてしまったのか。その理由は，参加者個人，この場合は I 氏に送られた URL をクリックしてしまい，その URL からオンラインミーティングに入室したから，ということであった。たしかに記憶を紐解いてみると，I 氏から送られたメールに反応して Zoom ミーティングに参加したような気がする。

　登録制の Zoom Meeting だと，Zoom のリンクをクリックしてメールアドレスを登録後，個々に URL が割り振られて送信されるようになっているらしい。登録制の Zoom Meeting で URL を共有しないようにという注意も，ついでに喚起しておこう。

8.7　顔出しのない発表に受ける違和感

　さて，次は別の研究会である。2020 年 12 月に関東甲信越英語教育学会（KATE）第 44 回研究大会という学会に参加した。IT をバックグラウンドにここまで過ごしてきた私としては，かなりアウェイ感のある学会ではある．しかし，現在，共同で進めている研究プロジェクトの中間報告ということで，その実施状況を発表（若林・飯尾ほか，2020）するために，今年から英語教育学会の会員になり参加したという次第だ。

　ところで，学会に参加したといっても，オンライン開催のため登録された資料を見た，というだけである。いくつかの発表にはコメ

ントして意見交換「らしきもの」もできたので，それなりに参加した感は，まあ，ないこともないというところか。

顔出しはほとんどなかった

オンライン発表，とくにビデオ発表のやり方については，HCD研究発表会でも議論した（飯尾・辛島, 2020）。この問題に関しては，定番の手法が定まっているようでまだ定まっておらず，皆，試行錯誤しているところであろう。どのようなあり方が良いのか，暗中模索というところか。そして，今回，KATE の発表をみていたら，発表者の顔が出ているビデオがほとんど無かったことに気付いた。

今回の発表件数は全部で 40 件，うち，YouTube のビデオ投稿で動画発表している発表はちょうど半数の 20 件であった。残りはSlideShare のスライド共有である。スライドだけ見せられても……という気もしないでもないが，致し方ない。しかし，YouTube ビデオのなかで，無言もしくはテキストのサンプル音声のみ，というビデオが 2 件あった[55]。発表者の肉声は入っていないので，スライドの自動プレゼンテーションとほぼ大差ないビデオである。

残りの 18 件のビデオのうち，顔出ししていたビデオは，私たちの発表を含む，3 件のみだった[56]（図 8.3）。

なぜそうなるのか

発表者の顔が映らないビデオが多数派となっているのはなぜだろ

55：音声なしのビデオの 1 つについては「作成に失敗した」とのコメントがあった。提出前に自分で確認しなかったのかなあ？
56：最初にご本人と思しき顔が瞬間的にチラッとだけ出たものが 1 件あったが処理上のミスと思われるためカウントしない。

146

インターネットを用いた
海外の高校との協同授業
―準備・実践・評価の実際―

若林茂則（中央大学）・飯尾　淳（中央大学）・櫻井淳二（糖才荘）
石川　茂（日出学園中学校・高等学校）・木嶋勇一（市原中央高等学校）

キーワード：海外との協同授業、ICT、ルーブリック評価

問い合わせ先：swkbys37@tamacc.chuo-u.ac.jp（若林茂則）

図 8.3　顔出しありの発表ビデオ（右上に発表者の顔が出ている）

　うか。ひとつには，技術的な問題が考えられる。私は研究発表用ビ
デオを作成するときも，オンデマンド講義用のビデオを収録すると
きも，Zoom の「ひとりミーティング」を行いそれを録画するとい
う方法でビデオを作成している。この方法だと顔を写し込むことが
できる。Webex や他のオンラインミーティングツールを利用して
も同様だろう。また，この「ひとりミーティング法」だと他にもい
ろいろと工夫の余地が残されている。
　一方，パワーポイント等，プレゼンツールを使って「ひとりプレ
ゼンテーション」をすることでビデオを作成する方法もある。プレ
ゼンツールの機能をつかって「音声を」追加で収録する方法である。
この方法だと，音声で説明しながら画面が切り替わるビデオを作成
することはできるが，プレゼンをしている発表者の顔をビデオに写
し込むことができない。
　ここからは推測でしかないが，顔出しなしビデオを提出した発表

者の多くが，後者の「ひとりプレゼン法」でビデオを作成したので
はなかろうか。

顔出し問題はどうあるべきか

　技術的な問題はともかく，やはり発表者の顔が出ていないと観て
いるほうはなんとなく白けてしまう[57]。過去にこの問題を議論した
とき，ある先生が「TV ショッピングで『商品だけ』見せて宣伝し
ているようなものですよね」とコメントされていたのが印象的であ
った。

　某 TV ショッピングのようにプレゼンテーションする人の印象が
強すぎて，肝心の商品がかすんでしまうのは本末転倒ではあるが，
やはり，短い時間のプレゼンビデオだけでは不十分であり，顔や話
し方でも印象付けて，今後の議論につなげていくほうが生産的だと
思うがいかがだろうか。

　ところで，顔が出ていた３件の発表のうち，１件は，共著者が全
員顔出ししていて，画面共有しているスライド資料の横に３人の共
著者が並んで写り込んでいた。ひとりミーティングではなく，共著
者による内輪ミーティングで発表用ビデオを作成したというもので
ある。オフラインでの発表では，共著者が全員登壇することはめっ
たにない[58] が，オンラインならではの工夫かなあと感心した。その
手があったか！　という気分である。

57：顔が出ていないほうが内容に集中できる，という意見もあるかもしれないが
　　……。
58：ごくたまに，途中で交代するケースはある。

9章　対面に戻ってみて

　世間の声や文部科学省からの指導などがあり，2020年度の後期は，一部，対面の講義に戻すところも出てきた。ただし，COVID-19に対する社会情勢はあまり変わっていなかったため，完全に以前と同じ状況に戻ったわけではない。それどころか，オンラインとオフラインの両方に対応するハイブリッド型講義や，オンラインとオフラインを同時並行で行うハイフレックス型（「ハイブリッド＋フレキシブル」で「ハイフレックス」だそうだ）と呼ばれる複雑な講義形態まで求められるようになった。いやはや，大学教員家業も楽ではない。

　私の勤務する大学でも，学生の人的交流を促すという意味も込めて，一部の講義や演習科目を対面講義に戻すことになった。私の所属する学部は比較的小規模な学部，かつ，キャンパスもメイン・キャンパスから離れていることが幸いし，少なくとも週に1回は登校して対面講義を受けることができるようにすることができた。また，夏休みに実施した集中講義でも，対面形式での集中講義を実施した。

　本章では，一部の科目を対面講義に戻してみて気付いたことなどを，まとめてみたい。

9.1　対面講義のよさを再確認

　例年，東京農工大学での集中講義を11月頃に行っている。ところ

が 2020 年の夏になる直前に，「今年は今後どうなるかわからないが夏期集中講義であれば対面でできるから」という連絡をいただいた。そこで，夏休み中の講義で学生には申し訳ないなと思いつつも，夏期集中講義として実施することにした。まあ，大学院の講義なので例年 10 人前後くらいの講義で密にはならないし，かつ，PC 教室でパソコンを使用しての演習含みのため，対面でできるならばと夏期集中講義を選択したわけである。

対面のよさを嚙みしめる

　実は，10 年近くやってきたこの講義もカリキュラム改変の都合で2020 年度が最後だったのだが，諸処の事情があり，新たなコンテンツを取り入れて実施することになった。オンライン講義として講義内容を収録すれば，別の講義で使い回すこともできそうだなあと少し助平心も出て迷ったが，結論からいうと，対面で実施してよかった。対面講義の良さを再確認したところである。

　朝から夕方までずっとしゃべり続けるのはなかなかにしんどい話ではあるが，学生の様子を見ながら話を進めているので，やはり，きめ細かい話の調整ができる。昼休み後の，午後イチの時間帯では，腹がくちくなっているせいか（まあ，私のしゃべりが眠気を誘うのかもしれない）うつらうつらしはじめる学生が若干出てくる。そんなときは，「少し休憩しようか」なんていうこともできる。オンラインだとなかなかこういった調整は難しい。

マンツーマンの細かな指導も

　わりと小難しいプログラミング手法を指導するので，作業の指示も一筋縄ではいかないという面がある。プログラムの書き方の違い，

ちょっとしたスペースの有無でエラーが発生してしまい，どこがマズいんだろう？　としばらく悩んでしまうなんてこともある。こういうときのデバッグ作業はなかなか気を遣うのである。したがって，ちょっと難しい箇所は，机の間を巡回して確認しながらではないと，置いてきぼりになってしまう学生が出てくる。これも，オンラインで，ひとりひとりの画面を共有してやればできないことはないだろうが，10 人いると，いちいち切り替える手間も鬱陶しいだろう。

　つまずいているところがなかなかわからないケースも出てくる。それでも，顔を突き合わせて（マスクはしている）ああでもない，こうでもないとやれることの幸せ。あるいは学生から，ここはこうしたらどうですか？　というアイデアが出ることもある。それこそインタラクティブな対面講義の醍醐味といえるかもしれない。

　いずれにしても，どうしてもオンラインだと，リアルタイムオンライン双方向授業であっても一方向の知識伝達で終わってしまいかねない（いわんやオンデマンド方式をや！）が，インタラクティブ性に関していえば，やはり対面講義，対面の演習にはかなわないなということを再確認した。

オンラインでの経験をどうやって活かすか

　今回の集中講義を通して，オンラインの苦労を経験したがゆえに，対面の講義をより良いものにできそうだという感触を得た。オンラインで学生からも評価が高かったポイントのひとつに，個別に丁寧な指導を受けられたという点がある。ただし，これは，教員の負荷もかなり高かった。その問題は何らかの方法で解決せねばならないが，オンラインの経験を対面にもフィードバックすることで，より質の高い教育を提供できるのではないかということを考えさせられ

る集中講義であった。

9.2　オンオフ併用講義の対応策と出席の意義

　本章の冒頭で述べたように，後期の授業では一部の講義が対面で
実施された。どの講義を対面で実施するかは，演習含みであるもの
を中心に選択された。後期に私が担当する授業は演習型のものが多
く，幸か不幸か私の担当授業はすべて対面型で実施することとなっ
た。もちろん，前期に実施したオンライン講義対応で得た知見は積
極的に取り入れて，対面型でもより質の高い授業を実施すべく，工
夫をしていくつもりで臨んだ。

ハイブリッド型ニーズへの対応

　などと考えていたところ，急きょ，登校を希望しない学生に不利
にならないような配慮が必要とのお達しが回ってきた。この対応に
ついてはいろいろと考えるところがあるが，まあ，社会情勢を勘案
すると致し方ないところかなというところである。ところで，対面
型とオンラインの「授業内ハイブリッド」には落とし穴があるとい
うことは，これまでにすでに指摘してきたところである。

　対象とする講義は1年生向けの「プログラミング基礎」で，20名
強が受講するという比較的少人数の授業であった。オンラインミー
ティングツールを併用して，とも考えたが，やはり，教室内で対面
の学生とカメラの向こうの学生（ごく少数）を同じように扱うのは，
工夫が必要そうだ。しかも，通常の会議プラス，オンラインという
立て付けならいざしらず，こちら側は密を避けるとの名目で大教室
にパラパラと座るスタイルである。その環境でオンラインとの併用

の授業は，どうにもイメージができないぞ？　と，当初はだいぶ悩んだ。

というわけで反転授業へ

　仕方がないので，意を決して反転授業方式を取り入れることにした。すなわち，あらかじめオンライン用に講義コンテンツの動画を用意しておく，それを事前に学生に視聴させておき，授業時間内には，自習でできなかったこと，さらに突っ込んで聞きたいことなどに対応するというスタイルの採用である。登校しない学生には，オンラインのコンテンツで自学してもらえばよいということで，不利にはなるまいと考えた次第である。

　動画の準備はもう慣れていたので，実際の講義時間プラスアルファで実施できた。単純に講義時間の倍程度くらい時間を割けばよいわけで，これならなんとかなりそうと考えたわけである。しかも，最後までやりきれば，来年以降はだいぶ負担は軽くなる。そのぶん，対面での演習にはいっそう力を入れることができるというわけで，まさに反転授業のねらいどおりというところであった。実際，後期の講義を終えた時点で，撮りためた動画は次年度以降に役立つ資産となっている。

出席ってなんだろう？

　と，ここまで考えたとき，実際に出席する学生はどのくらいになるだろう？　という別の懸念が生じた。

　文科省的には「出席するのは当たり前なので出席点で評価してはいけない」ということになっているらしい。しかし，特別な事情で登校したくないという数名の学生はともかくとして，この方式であ

れば，オンラインで十分に理解できてしまった学生は，わざわざ出
席する意義は薄いと考えるかもしれない。もちろん，こちらとして
は，さらに突っ込んだディスカッションを期待して，それに応える
べくいろいろと用意するつもりで臨んだが，それが学生にどれだけ
伝わるかはいささか心もとなくも感じる。

　ただし，終わってみれば上記の1点は杞憂であったことが幸いで
あった。人的交流を求めてということもあろうが，学生たちは比較
的真面目に出席し，オンライン受講を望む数名を除けば，ほぼリア
ルタイムの講義に参加していた。いずれにしても，あらためて出席
の意義を問ういい機会にはなったといえよう。

9.3　対面講義の再開と学生の反応

　ところで，いざ後期の講義を始めてみると，ちょっとしたことで
はあったが思わぬメリットも発見した。それは，ソーシャルディス
タンス確保で，図9.1のような座席指定が行われたことである。

棚からぼたもち？

　いつもはゴンズイ玉のように教室の後ろに固まってしまう傾向が
ある学生たちなのだが，この制限により教室にまんべんなく散らば
り，教室全体として一体感を醸成できた。怪我の功名というか，転
んでもタダでは起きないというか，とにかく「瓢箪から駒」的なメ
リットであった。

　なお，ゴンズイ玉状態は二酸化炭素濃度の高まりをもたらし，そ
の結果居眠り多発という好ましくない状況を導くので要注意である。
二酸化炭素濃度計を用意して科学的に「ほらこの状態は望ましくな

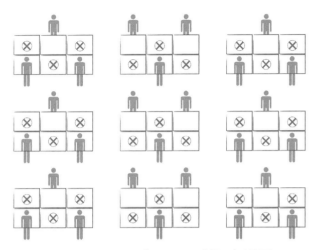

図9.1　ソーシャルディスタンス確保の座席配置

いゾ」とやる猛者の先生がいると聞いたが，ともあれ，3密回避の
思わぬメリットを感じた瞬間であったことは間違いない。

学生の集中度合いに感心

　もうひとつ，いくつかの科目で対面講義を始めて，どの講義も象
徴的だったのは，履修者の真剣度合いが例年とは比べ物にないほど
であったことだ。とくに1年生の2科目についてそれを強く感じた。
半年間オアズケをくったせいか，最後まで気を抜かずにこちらの話
に集中してくれていて，視線が痛かった。……というのは少し大げ
さではあるが，こちらも気を抜けないなと感じるほどではあった。
　最後までこの気合いでお互い持つかどうか[59] というところではあ

59：学生だけでなく，私も……。

ったが，本来，大学の講義ってこういうもんだよなあと身が引き締まる思いであった。「リアルキャンパスライフ」の再開は難しいところとはいえ，少しずつ，あるべき姿へ近づきつつある印象を受けているし，私たちもいっそうの努力をしていかなければならないだろうと感じたものである。

学生の反応は

　なお，対面講義に参加した学生の反応は次のようなものであった。彼ら彼女らの意見で注目すべきは，「刺激になった」とか，「楽しい」とか，積極的なキーワードが散見されるところであろう。オンライン講義化で対面講義の意義が浮き彫りになったのはなんとも皮肉な結果である。彼らのモチベーションを維持できるように私も努力しなければと身が引き締まる思いであった。

- 同じ空間にクラスメイトがいて意見を交換できることは，授業へのモチベーションが上がるなと実感できました
- 初めてクラス全員の人と会い，刺激的だった
- 今日初めての対面授業を行い，短い時間ではあったが授業やクラスの雰囲気を感じとることができ，とても楽しく授業を受けることができた
- グループで話し合うことでさまざまな意見を聞くことができたり，オンライン授業では難しいコミュニケーションを取ることができたため楽しかった
- 直接先生のお話を聞いたり，同じクラスの友達と話し合って問を考えたりすることは，やはりオンライン授業よりも楽しいと感じました
- 対面の授業だったので自分一人だけで考えるのではなく，友

達と話し合ったりできてとても良かった

- クラスメイトの顔が見れてよかった
- 初めての対面の授業は新鮮で楽しかったです。実際に授業を受けること，話し合うことはお互いの刺激になったと思います
- ほぼ全員で顔を合わせて授業を受けることができて良かった
- 周りの人と話し合いをする時間があって会話をすることができてよかった
- 対面だとオンラインよりも集中でき，話も入ってきて表情や声のトーン，周りの空気などが分かって良かった
- 同じ教室に集まって皆が同じ方向に視線を当てるというその環境が，クラスメイトの状況がわからないままパソコンを通じて受けるこれまでのオンライン授業と比べると勉強しやすい雰囲気であり集中力にもつながると感じた
- 講義中の選択肢に関して話し合えたため，他の人の意見も聞けて面白かった
- 久しぶりの対面授業で同じクラスのみんなや教授と顔を合わせることができるのが単純にうれしかったので，今回いつも以上に楽しいと思いました
- 初めての対面をして授業しているなという実感が湧いた
- 対面でしかできないものがあるということを改めて確認することができた
- 学校に登校できたこと，楽しかったです。貴重な機会を作っていただき，感謝しかありません

9.4　対面講義で 1-2-4-all メソッドをやってみた

　日本人はシャイな性格なのか，教室で議論をするような演習科目であってもなかなか質問をしないという問題がある。これはオンラインでも似たような傾向を観測することができ，「個別の対応だと質問をするけれど掲示板に書き込むのは躊躇するという行動がみられる」と SNS で報告したところ，同じような状況は他でもあるとのコメントをいただいた。

　「質問やコメントを促す 1-2-4-all というメソッドがあるよ」と教えていただいたので，さっそく，1 年生の基礎演習でやってみた。もっとも，現場に合わせて少し手順を変更し，実際にやったのは「1-3-all」メソッドである。いまちょうど輪読という形でグループ発表させているところだったので，あるグループの発表が終わったところで，そのメソッドを実施してみた。

1-3-all メソッドの手順
　実際に実施した手順は次のとおりである。
ステップ 1：「最初に 1 分間で，自分の質問なり意見なりをまとめよう」と指示する。ただし，事前に「発表中にわからないところやオヤ？　と思うところ，共感したところなんかがあったら必ずメモをするように」と指示しておく。したがって，最初の 1 分の作業は，そのメモをきちんと文章にするだけである。それでも「頭んなかで考えるだけじゃだめだからね？　文章にしないと人に伝えられないからね？」と強調した。文章化するところに意味がある。
ステップ 2：その次は，3 人ひと組のグループで「次に，グループで

何を質問するか（コメントするか）考えてください。5分間あげます」と指示。3人ひと組になっている理由は，教室の密を避けるためにちょうど1島3人の配分になっていたからである（前節を参照されたい）。ただし早々と意見がまとまってしまったグループが現れたため，意見がまとまったところから次のステップに移ってよし，とした。ここは，改善の余地が残るところかもしれない。

ステップ3：そして最後のステップとして，LMSの匿名アンケート機能を使い，グループごとに匿名の質問やコメントを投稿することとした。これはグループごとなので記名式の掲示板を使い代表者が投稿するようにしてもよかったが，自由な意見の提出を見込んで匿名アンケート機能を使ってみた。匿名で提出された意見は，スクリーンに映し出された私のPC画面に次々と表示される。したがって，質問者・回答者・他のグループの全てに関して，その場で共有される。

　すべての意見・質問が出揃う間，発表者のグループには「回答を考えること」と指示し，その他の参加者にも，「提出してしまったからといってボーッとしていないで，他のグループが投稿した質問の答えを，自分たちでも考えてみよう」と水を向けた。すると教室のあちこちで議論が起こっていたので，これはなかなかよい反応だと感じた。

　最後に，出揃った質問をテーマにして教室内でディスカッションする。発表者が回答を提示して不足なところを教員が補い，さらには教室内からの意見を求めるというような感じで，意外とイイゾ？という印象である。もっとも，匿名ベースにしておきながら「このコメントの意味がわからないので補足してください」と発表者からリクエストがあり，（匿名の意味ないじゃーん）と笑いが起きたな

どというアクシデントもあったが。

　SNS でいただいたアドバイスに基づき，1-2-4-all メソッドならぬ 1-3-all メソッドを見様見真似でやってみた[60]が，なかなかいい感じだった。教室での議論を促す方法としてオススメしたい。

9.5　オンライン化と帰属意識

　2020 年 10 月 17 日に行われた箱根駅伝予選会で，中央大学チームは 2 位となった。今年こそは，シード権を獲得して名門チームとして復活してほしいなというところ．応援したい[61]。

　ところで，ときどき，白門会と呼ばれる OB 組織に呼ばれて講演をすることがあるのだが，ある年にちょうどこの予選会当日がその講演会の日だったことがある。そのときは講演会後の懇親会でも箱根予選会の話題でもちきりであった。今年はそのような光景がみられないんだなあと思うと，せっかく 2 位になったのに素直に喜べないような気もする。

　さて，この話は本稿で主張したいことと強い関係がある。すなわち，大学のオンライン化が進むと〇〇大生である誇りや帰属意識は失われるのではないかという危惧である。これは大学に限った話ではなく，企業でも，新人が入社してテレワークばかりでは，会社に対するロイヤルティは醸成されないだろう[62]。

60：実践結果を報告したところ，現場の状況に合わせて臨機応変に実施した点も素晴らしいとお褒めの言葉をいただいた。
61：残念ながら 2021 年 1 月 2〜3 日に行われた箱根駅伝本戦ではシード権を確保することができなかった。また来年だ！
62：その結果として社会の流動性が増すのであれば，悪い話ではないとも考えられるかな？

帰属意識と人的ネットワークの醸成

　また，私の個人的な話で恐縮ではあるが，最終学歴を問われたときに，東京大学と書くべきか大阪大学と書くべきか，悩むことがある。もちろん，形式的には大学院の社会人博士課程として在籍していた大阪大学が最終学歴になるはずではあるが，それこそ東京で生活しつつ，遠隔で参加していた大阪大学の想い出は少なく，心情としては東大の修士課程での学びが最終学歴なんじゃないかと悩んでしまう。

　学生時代の出来事を想い出すのは学部・修士の頃がほとんどであって，阪大時代の想い出は，研究室内での出来事くらいしかない。さらに，研究室外での想い出といえば年に一度の講演発表会くらいしかない。今になってさまざまなシーンで役に立っている人間関係の多くは，学部・修士時代に築いたものだ。阪大で築いた人間関係は，残念ながら研究室関係のみに留まっている[63]。

　あらゆるものがオンライン化し組織がバーチャルになると，このような副次的な効果は確実に薄れていくだろう。それでよいのかダメなのか，そのような観点からの議論も必要になるのではなかろうか。

通信制大学の苦悩？

　通信制の大学ではどうしているのか。2例と数少ないながら，関係者が情報を教えてくださった。まず，早稲田大学人間科学部eスクールをご卒業されたS先生によれば，年に二回，懇親会があるとのことである。そこでは毎回，応援団とチアガールが現れて，校歌

63：もちろんそのネットワークも濃密かつ大切なものではあるが。

や応援歌を指導しつつ，早稲田魂を注入されるのだとか。その結果，「ロイヤルティは通学生以上かもしれません。大隈重信公の墓参りにまで行く卒業生もいますし」とＳ先生はおっしゃる。

　ＢＢＴ大学では，「コロナ以前だけれど……」との断り書き付きで，入学式の後に懇親会があり，新入生が大前先生や先生方と直接お話できるようになっている，つまり，遠隔で講義を受ける前に会って話をする機会を設けている，と別のＳ先生が教えてくださった。

　他の通信制大学ではどうなのか，気になるところだが，やはり，このように対面でのコミュニケーション機会を補うことが必要と感じているのであろう。ＢＢＴ大学関係者のＳ先生によれば「以前，早稲田も合格したけど，早稲田をけって新卒現役でＢＢＴにきたという学生がいましたが，懇親会では実務系の有名どころの先生方に，名刺を配って挨拶してまわっていました。最初から，卒業したら起業するつもりのようでした」ということがあったそうで，独立独歩・唯我独尊な人には向いているのではなかろうか。社会全体がそんな人ばかりになったらちょっとどうなのか？　とは思うが。

オンライン化で人間関係も希薄化？

　ところで，2020年12月のある日，久しぶりに多人数の来客があり何枚も名刺交換をした。「そういえば今年はCOVID-19の影響で名刺交換する機会がガクンと減ったなー」などと思いつつ，それでも，たまに交換した名刺がたまっていたなあと，スケジュール帳アプリの画面を眺めながら，今年ご挨拶を交わした方々の名刺をDB代わりに使っているスプレッドシートに記入する作業を進めた。

　スプレッドシートには，「日付，氏名，氏名（よみ），所属，肩書，イベント，備考」といった情報が並んでいる。日付の情報があるの

で，「月ごとに集計したら名刺交換した状況を可視化できるのではないか？」と考えた。その結果を次に示す。対象を「年・月」に指定して集計したデータをグラフ化したものが，図9.2である。

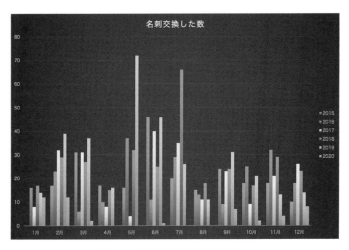

図9.2　名刺交換した数のグラフ

　スプレッドシートでの記録は2015年の2月から始めたので，2015年1月のデータは欠けている。それはともかくとしても，今年が異例とも思えるほどデータがない。すなわち，名刺交換をしていない，ということが浮き彫りになった。新しくリアルで会う人がほとんどいなかったのだから，当たり前だ。2020年3月からこのかた，ほとんどデータがない。いずれにしても，全体としてはほぼ壊滅的ともいえる状況である。

　「名刺交換の無さ，イコール，人間関係の希薄化」と短絡的に結びつけるわけもいかないだろうし，オンラインで新しい出会いが全

く無かったわけでもない。何人かとは新しい出会いがあった。オンラインでお話ししただけだが。しかしまあ，こうやって可視化してみると，2020年はもう際立って変な年なんだなあということを改めて突きつけられた気がしてならない。

10章　今後の大学はどうなる？

　最終章では，ここまでの議論を踏まえて，オンライン化する大学
において，今後はどうなるのか，どうあるべきかについて考えてみ
たいところだが，その答えを導き出すにはまだまだ多くの議論が必
要となるだろう。

　本章では，最低限，客観的な議論をできるようにするために，必
要な情報を提供することに注力したい。まず，原点に立ち返って
「大学設置基準」ではどうなっているかを振り返る。さらに，大学
の潜在的な教育力を測る指標のひとつとしてST比を紹介する。

　さらに，大学本来の姿は研究と教育の両輪を進めていくことであ
る点を指摘し，オンライン教育で教育が画一化すると日本の大学は
世界の強豪大学に太刀打ちできない可能性を示唆して締めくくろう。

10.1　大学設置基準を紐解く

　学校教育法で定められた「大学設置基準」と呼ばれる省令がある。
それによれば，「この省令で定める設置基準は，大学を設置するの
に必要な最低の基準とする」ということなので，大学においてコロ
ナ禍後にもオンライン講義を推進すべきか否かを議論するうえで
「大学設置基準」は無視できない[64]。

　全文はe-Govのウェブサイトで見られるので，興味のある方はぜ
ひ一度目を通してみてはいかがだろうか。けっこう「へぇー」と思

うことが書いてあり，面白い。大学関係者で目を通したことがない
ならば，ぜひ，一読をオススメする。まあ，それはさておき，ここ
ではオンライン講義化の議論で問題になっている論点に関係しそう
なところをピックアップして紹介しよう。

そもそも大学って？

　大学生の生活においては，入構制限などで課外活動が大きな制限
を受けた。それに対して，本来大学は教育をするところであって課
外活動は大学のミッションではないから，それでよいとの主張（教
育研究派）が散見される。本当にそうだろうか？
　大学設置基準第2条に，そもそも「教育研究上の目的」という言
葉が提示されている。

　　　第二条　大学は，学部，学科又は課程ごとに，人材の養成に関
　　する目的その他の教育研究上の目的を学則等に定めるものとす
　　る。

「教育研究」というこの言葉，大学設置基準全体で53回も出てく
る。さらに元をたどると，学校教育法第83条に，大学は教育研究を
するところ，という記述がある。

　　　第八十三条　大学は，学術の中心として，広く知識を授けると
　　ともに，深く専門の学芸を教授研究し，知的，道徳的及び応用

64：いやあ，そんなん俺は無視するよ！　っていう無頼派の皆さんは，まあ，頑
　　張ってください。

的能力を展開させることを目的とする。

　2　大学は，その目的を実現するための教育研究を行い，その
成果を広く社会に提供することにより，社会の発展に寄与する
ものとする。

　ここだけを取り上げると，「教育研究派の主張はごもっとも」で
ある。

課外活動・人格教育は？

　翻って，課外活動に関する言及はあるだろうか。これが，1箇所
だけだが，あるのだ。第36条の5である。

　5　大学は，校舎のほか，原則として体育館を備えるとともに，
　なるべく体育館以外のスポーツ施設及び講堂並びに寄宿舎，課
　外活動施設その他の厚生補導に関する施設を備えるものとする。

　いちおう大学設置基準においては，「課外活動もちゃんとケアせ
えよ」と（さりげなくではあるが）指摘しているものと読める。ま
あ，「なるべく」という修飾語が付いている点が，課外活動派にお
いてはいささか心もとないところではあるが。

　また，直接的な記述ではないものの，この条文のひとつ前，第35
条は「（運動場）」である。体育施設がなくちゃいけないのだ。まあ，
社会人学生だって成人病予防のためには運動したほうがいいのだけ
れども。第35条の意味するところが何か，きちんと汲み取る必要は
あろう。

　「大学生はやはりリアルキャンパスライフが大切なんじゃない。

人間教育，人格形成教育はどうなのよ？」と心配されてる人格教育
派の皆さん，ご安心めされ。第19条「（教育課程の編成方針）」の2
で，きちんとその点について触れている。わざわざルビまで振っ
て！

　　2　教育課程の編成に当たっては，大学は，学部等の専攻に係
　る専門の学芸を教授するとともに，幅広く深い教養及び総合的
　な判断力を培い，豊かな人間性を涵養(かん)するよう適切に配慮しな
　ければならない。

　オンライン講義だけで，はたして「豊かな人間性を涵養」できる
のかについては，まだ十分な議論はなされていないのではないだろ
うか。
　そして，さらには，「リアルキャンパスライフ」をまるで後押し
するような条文まであるのだ。第34条を紹介しよう。

　　第三十四条　校地は，教育にふさわしい環境をもち，校舎の敷
　　地には，学生が休息その他に利用するのに適当な空地を有する
　　ものとする。

　休息その他に利用するのに適当な空地もなければいけないと定め
ている。「休息その他」という言葉の意味を再確認する必要がある
のではなかろうか。

大学設置基準に基づいた議論をすべき
　そもそも，完全オンライン講義化を想定するとキャンパスも不要

になるのでは？　という極論に至るが，大学設置基準に「大学は校地（※キャンパスのこと）を持たねばならない」という明示的な記述は，実は，ない。しかし，第37条が「（校地の面積）」となっており，そこには学生の人数に対して最低これだけの面積を校地として確保せねばならないという記述がある。つまり，そもそも校地が存在し学生は登校して活動することが前提となっている。このことは，気に留めておく必要があるだろう[65]。

　教育研究派の皆さんは，大学設置基準がおかしい，あるいは，ポストコロナ時代にそぐわない，と考えるのであればジャマな記述を書き換えるように，文部科学省にロビー運動しよう。もしくはオンライン教育による豊かな人間性の涵養について考えてみよう。

　課外活動・人格教育派の皆さんは，大学設置基準にちゃんと書かれているのだから，感情的な議論をするのではなくて，きちっとした事実を踏まえて意見を主張されるとよいだろう。

10.2　ST比とオンライン教育

　大学の活動状況や性質を測る指標はいろいろあるが，そのなかで，大学関係者はほぼみな知っているが関係者以外には意外と知られていない重要な指標がいくつかある。そのひとつが「ST比」と呼ばれるものである。

　ST比とは，「Student – Teacher 比率」のことで，教員ひとりあたりの学生数を示す。その正確な定義にはゆらぎがあるようだが，

65：校地を用意しなければならないということと実際に使用することは違うだろうという屁理屈は，勘弁願いたいところではある。

ありていにいえば，「ひとりの教員が何人の学生の面倒をみている
か」というざっくりとした指標だ。したがって，ST 比が高ければ
高いほど，教員あたりの負担は増える。それは逆にいえば学生ひと
りが享受できる教員の教育リソースが少ないということ。つまり，
ST 比が低ければ，それだけ念入りな指導を受けることができ，ST
比が高ければ，指導はぞんざいになりがちとみることができる。

　もちろん，実際には個々の教員の力量や教育環境・内容の違いな
ど，指導の状況は多岐にわたるので，大学における教育指導状況の
良し悪しは ST 比だけで判断できる問題ではない。が，大まかな指
標であたりを付けるくらいには十分に使える指標といってよいだろ
う。

ST 比とマスプロ教育

　当然ながら，学生定員に対して最低限揃えておかなければならな
い教員の数は省令（大学設置基準第 13 条）で定められている。した
がって，ST 比を高めて大学経営を効率化しようなどという不届き
な大学経営者が現れたとしても，そう都合よく人員削減するわけに
はいかない。いかな大学教員といえどもその能力には限界があるの
だから，当然である。

　しかしながら，とくに経営効率を追求しがちな私立大学において
は，制限の範囲で ST 比を高めて「（大学にとって）効率のよい」教
育をしようという方向に行ってしまうのは致し方ないところではあ
る。その結果，マスプロ教育と呼ばれる，大教室で多数の学生に対
して一方的な講義を行うということが常態化しているという現実も
ある。

　幸いにして私自身は大人数の講義を担当したことがなく，最大で

も 100 人弱までの規模の講義を持った経験しかないが，それでも履修学生が 50 人を越えると成績処理やらなにやらいろいろ大変で，数百人の履修者を抱える講義をお持ちの先生方はたいへんだろうなと思う。

　マスプロ教育を実施する際の問題点として，大教室をどうやりくりするかというものがある。大学の教室施設設計においても，限られたキャンパス面積をどう効率的に利用するかが求められる。その結果，大教室の数はそれなりに限られる。したがって，マスプロ教育の科目を増やそうにも，物理的な限界というものが存在した。

オンライン講義化で ST 比は悪化する？

　ところがオンライン講義はその垣根をいとも簡単に撤去した。理論上，1 科目の履修者数に制限をかける理由はあまりない。あるとすれば講義に使うシステムのアカウント登録数や同時接続数の制限くらいか。また，オンライン講義の課題として指摘されている，学生間の共同作業による学修効果や，教員と学生の間にどうしても距離が生じてしまいがちであること，あるいは，実習や演習など知識伝達型ではない科目への対応が難しいといった負の面は，知識を一方向的に伝達するタイプのマスプロ講義であれば全く影響しない。

　したがって，目下のところ，このような講義（マスプロ教育）は簡単にオンライン講義に置き換えることができるのではないかと，考えられている。

　オンライン講義化とマスプロ講義化は本来全く異なるベクトルのはずだが，まかり間違ってオンライン講義化により教員のリストラを進めようという動きが生じたとしたら，その結果として ST 比は高くなるはずである。オンライン講義化で学修効率を高めようとす

るのは結構なことだが，ゆめゆめ経営効率を高めようなどと考えぬ
ようにと大学の経営層には願いたいところである。

ST 比と学費の関係

　ところで，SNS などでは「このまま大学がオンライン化してしま
うのであれば放送大学並に学費を下げるべきだ」といういささか暴
論に近い指摘をたまに見ることがある。これは，ST 比の観点から
論じると，全くもってナンセンスであると言わざるをえない。

　たとえば，上記で指摘されている放送大学の学生収容定員は
60,000 人だそうだ。それに対して専任教員数は 64 名（認証評価の文
書による。大学設置基準ではなく大学通信教育設置基準を満たして
いるとのただし書きあり）で，これで ST 比を計算すると 937.5 とい
うとんでもない数字になる。あえてどの大学とは言わないが私立大
学のワースト 1 位でも ST 比の値は 50 前後なので，放送大学の授業
料が格安なのは，ST 比で換算すると「まあ当然」といえよう。

　ST 比のランキング（高い方から降順に並べたランキング）を眺
めていると，やはり国公立大学のほうが小さな値になっている。し
たがって，その点「だけ」で論じるのであれば国公立大学は ST 比
的にはおトクであるといえる。

　そしてさらに ST 比のランキングを下位[66]までたどっていくと，
ランキング表の最後のほうには医療系大学がズラッと並ぶ。医療教
育の性質もあろうが，医療系大学の学費が高いのはダテではないの
だ。実は同じ理屈は米国の大学にも当てはまる。米国の有名大学は
とんでもない高い学費を取るが，ST 比の値は相当に低い。

66：下位というが，ST 比的には良い値なので，上位というべきか？

父の教えを偲ぶ

いまは亡き私の父は，信州大学で教鞭をとっていた。30 年前にこの ST 比という言葉を使っていたかどうかもう忘却の彼方ではあるが，私が高校生だったときに，「東京大学はいい。教員ひとりあたりの学生数は少ないし，予算の付き方が他大学とは格段に違う。だから東大に行きなさい」と父からアドバイスされたことを強く覚えている。

東京大学に進学したことのメリットはこの ST 比だけではないが，たしかに当時の修士課程ではひと学年 2 名の院生しか取らず，一方で大講座制だったので教授，助教授（いまの准教授），助手（いまの助教）2 名，技官といった教育スタッフに対して，学生もほぼ同数程度という，非常に恵まれた環境だった。

さて，オンライン講義化が今後進展していくにあたってどうするべきかだが，教員ひとりあたりの教育リソースには限りがあるので，オンライン化で効率化できるぶんのリソースを，いま以上に少人数教育に回せればよいのではないかと考えている。

10.3　いま見直されるべき研究と教育

そもそも，大学は教育をする組織なのか，それとも研究をする組織なのだろうか。大学設置基準には「教育研究」という言葉が踊っていた。さて，教育なのか，研究なのか，どちらを中心に考えていけばよいのだろう。

研究と教育は大学の両輪

大学教員は，教育者でありながら，研究者でもある。自らの研究

を進めながら，学生の教育を行うという姿が本来の姿だ。実は大学教員に限らず，国立のさまざまな研究所も多かれ少なかれそのような性質を持っている。研究所で学生，といっても学部学生ではなく多くの場合は研究者の卵である院生を受け入れて，研究所での研究を進めながら学生の指導を行っているという例は多い。

　研究施設はともかく，大学は学生の教育が主であるように世間からは見られている。これも，間違いではない。

　研究大学と教育大学という言葉がある。前者は研究力の強い，日本でも研究においてはトップクラスの大学を指す。研究に注力しているため，研究予算も潤沢に割り当てられることが多い。競争的研究資金の獲得額や獲得数も多い。研究大学は先に述べた研究所に準じた扱いとなっているともいえよう。しかし，いかな研究大学といえど，多数の学生を入学させており，学生の教育が軽視されるべきものではない。

　一方，教育大学とは，研究よりも学生の教育に注力しているという大学である。正確な定義に照らし合わせれば，日本の大多数の大学は教育大学に分類されるだろう。たいへん残念な現状ではあるが，「研究はしなくてよい」と直接告げられている大学教員の話も聞く。

研究は不要なのか？

　しかし，重ねて指摘しておきたいが，本来，大学においては研究と教育は両輪であるべきであり，研究は不要という大学は自ら大学の意義を損ねていると指摘しても反論できまい。

　そもそも，大学教員になるために教員免許は不要なのである。小学校から高等学校の教諭になるためには，必要な教職課程を経て，免許を得なければならない。しかし，さらに高等教育機関であろう

はずの大学においては教員免許というものは存在しない。

　また，学習指導要領という教育指導に関するガイドラインも，大学には存在しない。もちろん，先に述べたように大学設置基準に則った教育体制を用意し，ふさわしいカリキュラムを準備したうえで，大学設置審議会などの有識者による会議体での審査を経て，合格した内容でなければ，大学のカリキュラムとすることはできず，各大学における教育品質の担保は，それらの機能が担っているという面はあるが。

　大学教員にはなぜ教員免許が不要なのか，そして，大学にはなぜ指導要領が存在しないのか。その答えは明らかで，大学人は本来，最先端の研究成果に基づきそのフォロワーである学生に知見を伝える役目を担っているからである。そのような教育に，免許制度は似つかわしくなく[67]，また，学習指導要領を定めることはできまい。

あるべき姿に戻すチャンスとできるか

　さて，このように本質的なところに立ち戻って考えるのであれば，オンライン講義化がフィットする部分とそうではない部分もあるだろうということに気付くはずだ。

　たとえば，大学の教育においては，同じ内容を繰り返し教える部分とそうではない部分があるということである。前者は基本的な教養であったり，高度な議論を行うための基礎的な概念の伝達であったりというものである。それは，数学の基礎であるかもしれないし，基本的なプログラミング科目なのかもしれない。初年次教育の「大

67：昨今では，免許に代わり大学教員に必要な「高等教育を担える資質」を示すものとして，学位（博士号）所持の有無を問うケースが増えている。

学生としてのあるべき姿」や「大学生としての考え方の基礎」のような演習も，前者に属する教育だろう。

　このようなものは，教育コンテンツを一度作って用意してしまえば，長年にわたり，複数回，使用することができる。それは，オンライン化による教育の効率化につながるかもしれない。

　一方で，先に論じたような最先端の研究成果を学生に伝授するというような性質を帯びている講義は，毎年，アップデートしなければならず，コンテンツの蓄積にはそぐわない。少人数の演習科目なども，このような性質を持つはずである。繰り返し教えるようなものではないケースでは，オンライン化するにしても，オンデマンド型ではなく，リアルタイム・ライブ授業方式でオンライン化することが望ましい。

　このように，一口にオンライン化といえども，大学が持つ本来のあるべき姿に鑑みれば，内容によって千差万別になるはずだ。経営効率だの何だのといったノイズに惑わされず，本質的なところを見据えて，あるべき論を論じてほしいところである。

10.4　大学がすべてオンライン講義に
なったらどうなるか？

　最後に，もし大学がオンライン講義「だけ」になってしまったら，どうなるかを考えてみたい。なお，大学は講義を聴講するだけの場ではないとか，実験・実習はオンラインではできないとか，そのような指摘はごもっともである。したがって，ここでの仮定は少し極端なものであり，そのぶん少し乱暴な議論である点はご容赦いただきたく，実際には，若干，割り引いて考えていただきたい。

　また，前提として，これまで何度か述べてきたように，私は「オンライン講義の消極的推進者」の立場をとる。オンライン講義の意義は認めつつも，積極的に推進するものでもないという考えである。今回のオンライン講義で得られた動画などの成果物は，今後の対面講義で有効に使っていければいいなあ，という立場をとる。もちろん，われらが中央大学国際情報学部の市ヶ谷田町キャンパスは狭いので，オンライン講義を併用すれば人口密度問題も解決するなあと前向きなアイデアが無いこともない[68]。

　さて，結論から申し上げる。「対面講義を全面的に中止してオンライン講義だけにすると大学の淘汰が加速するであろう」と私は考える。

　以下，その理由を述べる。

教育パッケージとしての質の問題

　まず，オンライン講義の質について。今回，私もかなり努力したし，それなりに良いものを提供できたのではないかとの自負もあるし，皆さんがいろいろと工夫されて素晴らしいオンライン講義コンテンツを提供されている点は理解しているし，皆さん（私を含む）の努力を否定するものではない。

　しかし，怒られるのを覚悟のうえで率直に申し上げると，おそらく「オンライン用の教育パッケージ」としての質は，「よくできたMOOCsのコース ＞ 放送大学の番組 ＞＞＞（越えられない壁）＞＞＞私たちの手づくりオンラインコンテンツ」といったところだろう。

68：だから私は消極的推進者なのだ。それを考えれば，どちらかというと「非推進者寄り」なのかもしれない。

誤解のないように重ねて申し上げておきたいが，教育内容についての比較ではなく，パッケージとしてのできの良さの比較である。怒らないでほしい。

よくできた MOOCs のコースとは何かというと，代表的なのは「5.8 試験実施のためのヒント」で紹介したコース，Andrew Ng 先生の機械学習コース（「Machine Learning Andrew Ng コース」のうちの Machine Learning）である（図 10.1）。

図 10.1　Andrew Ng 先生による機械学習のコース

先に述べたように，うちの学生が「勉強したいんだけどひとりだと心配なので」というので，院生などと交えてコレを使って皆で勉強したことがある。機械学習の入門コースなので私は機械学習そのものを勉強したというよりは MOOCs のコースってこんなによく出来てるのかと，そちら（MOOCs コースの作りかた）を勉強した感じだったが，本当に感心した。よく出来ている。さすが Coursera の

看板だけのことはある。16万件を超える評価で星4.9，イイね！が97％（2021年7月2日現在）という，お化けコンテンツであり，もう舌を巻くしかない。

お金を掛けたコンテンツにはかなわない

　身も蓋もない言い方をすると「よくできたMOOCsのコース＞放送大学の番組 ＞＞＞（越えられない壁）＞＞＞ 私たちの手づくりオンラインコンテンツ」という違いは，すなわち，お金のかけ方の違いによるパッケージとしてのクオリティの違い，それに尽きる。

　もちろん，私たちの手づくりコンテンツには教員と学生の信頼関係が込められている，という言い方はできる。しかし，それは対面あっての話。すべてがオンラインになったときにそこをどう担保するかは課題であろう。

　さて，MOOCs市場ではすでに，お金をかけたコンテンツが他を淘汰するという現象がみられているのではなかろうか。Winner takes all の原則は，バーチャルな世界だと加速しやすい。大学が，対面講義を捨ててオンライン講義に向かうということは，そのような（あらかじめ不利であることがわかっている）市場に飛び込むということに相違ない。その覚悟はあるのか。その点は理解されているだろうか。

学生の質保証の問題

　さらに，私が民間企業に20年弱勤めていたときの経験から，企業があることに気付くと大学の瓦解が加速するのではないかということを危惧する。それは，「△△のMOOCsの単位を一通り揃えました」との主張が「○○大卒」の価値を上回ってしまうのではないか

ということである。

　現在の日本においては「○○大学卒業」が就職活動生に関する一定の質保証を与えているのは（残念ながら）事実であり，大学名による就職差別が横行しているのも，これも残念なことではあるが未だに認められる。しかし，企業で採用を何回も経験した立場からすれば，ある程度はやむを得ないところがあるのもまた事実ではある。限られた時間で優秀な学生を採用したいと考える企業としては，確度の高いところからピックアップするための大学名フィルタはこれまではある程度有効に機能していた。

　ところで，企業が求める学生の優秀さ，地頭の良さというか対応力というか，社会人として求められるスキルは「○○大学の『講義を受けました』」だけで得られるものではないと私は考えている。そうだとすると，登校することなくすべてオンライン講義化でその部分に相当する能力を醸成できるのだろうかという危惧がひとつ。

　さらに，もしそうではなく講義だけで十分に育成できるのだとすれば，「○○大学の講義セット」を「良質な MOOCs コースのセット」が上回ってしまうのではないかと危惧する。しかも，おそらく後者のコストのほうがはるかに安い。そして後者の価値で十分であることに企業が気付いた瞬間，「○○大卒」の価値は地に落ちてしまうだろう。大学名フィルタが機能しなくなる瞬間である。グローバル化する競争社会では東大卒すらダメになるかも。そうなれば日本の大学はすべておしまい。まあさすがにそれは極論にすぎるかもしれないが。さて，どの大学まで耐えられるかな？

　以上が，「対面講義を全面的に中止してオンライン講義だけにすると大学の淘汰が加速するであろう」と考える理由である。

杞憂だといいけれど

　もちろん，このような心配は杞憂かもしれない。冒頭で述べたように，実験や実習などオンライン化できない大学の活動は他にもある。本稿での論考は全面オンラインという極端な状況を考えただけだ。「こんなん極論だろ」それで片付けてしまっても構わない。

　それに，現在オンライン化を強いられている各大学がそのままオンラインに固執し，現在の大学の序列がのほほんとそのままオンラインでも固定化し，日本の呑気な民間企業が上記のロジックに気付くことなく，これまでの状況に固執していれば，問題なくオンラインに移行するかもしれない。そんな日本に未来があるのかどうかはまた別の問題か。

●参考文献

浅野華（2020）「視聴者の理解度高く驚いた」京都大学がコロナと社会考える無料オンライン講義を配信中，BLOGOS，2020 年 8 月 26 日，https://blogos.com/article/480419/

飯尾淳，辛島光彦（2020）オンライン研究会のあり方について，人間中心設計推進機構 2020 年冬季 HCD 研究発表会予稿集，pp. 49–52

飯尾淳，脇屋直子，内橋勤，大場充（2012）複数の大学と企業を遠隔システムで結んだ産学連携講義，情報処理学会 コンピュータと教育研究会 情報教育シンポジウム Summer Symposium in Shizuoka 2012（SSS2012），IPSJ Symposium Series 2012(4): 61–68

学校教育法（昭和二十二年三月二十九日法律第二十六号）

清水一雄（2010）学生部長の思い，日本医科大学医学会雑誌 6(4)：162–163

大学設置基準，昭和 31 年 10 月 22 日 文部省令第 28 号（令和元年 10 月 2 日施行）

東京大学・教養学部長，大学院総合文化研究科長 太田邦史（2020）課外活動の再開にあたっての注意，https://www.c.u-tokyo.ac.jp/COVID19_20200731.pdf

若林茂則，飯尾淳，櫻井淳二，石川茂，木嶋雄一（2020）インターネットを用いた海外の高校との協同授業—準備・実践・評価の実際—，関東甲信越英語教育学会 第 44 回オンライン研究大会

Cyr M. (2020) Online vs. In-Person Classes, *College Times*, http://www.ecollegetimes.com/online-vs-in-person-classes

Iio J. (2019) TWtrends — A Visualization System on Topic Maps Extracted from Twitter Trends," *IADIS International Journal on WWW/Internet*, 17(2): 104–118

Iio J. and Wakabayashi S. (2020) Dialogbook: A Proposal for Simple e-Portfolio System for International Communication Learning, *International Journal of Web Information Systems*, 16(5): 611–622

The pandemic is widening educational inequality, *The Economist*, July 27th
2020, https://www.economist.com/graphic−detail/2020/07/27/the−pan-
demic−is−widening−educational−inequality

著者プロフィール

飯尾　淳(いいお・じゅん)

1970年，岐阜県生まれ。
長野県長野高等学校卒業，東京大学工学部計数工学科卒業，東京大学大学院工学系研究科計数工学専攻修士課程修了。
1994年，株式会社三菱総合研究所に入社。同社主席研究員を経て，
2013年，中央大学文学部社会情報学専攻准教授。2014年，同教授。
2019年より，中央大学国際情報学部教授。一般社団法人ことばのまなび工房理事。
特定非営利活動法人 人間中心設計推進機構（HCD-Net）理事。
人間の行動分析，人間と情報システムのインタラクションに関する研究等に従事。
博士（工学），技術士（情報工学部門），HCD-Net認定 人間中心設計専門家。

オンライン化する大学
コロナ禍での教育実践と考察

2021年8月27日　初版第1刷発行

検印廃止

| 著　　者 | 飯尾　　淳 |
| 発行者 | 大塚栄一 |

発行所　株式会社　樹村房

〒112-0002
東京都文京区小石川5丁目11番7号
電話　03-3868-7321
FAX　03-6801-5202
http://www.jusonbo.co.jp/
振替口座　00190-3-93169

組版・印刷／美研プリンティング株式会社
製本／有限会社愛千製本所